超開運！　神さまがあなたの成功を後押ししてくれる神社参拝法

山田　雅晴

Yamada Masaharu

文芸社文庫

はじめに――神社開運法で、金運・幸運を引き寄せる！

私は長年、神社開運法をベースにした開運カウンセリングを行い、各種開運講座を開催してきました。私は20年以上前から、神社に関する本を書いてきましたが、近年は神社仏閣への関心が高まり、参拝する人が増えたのはとても喜ばしいことだと思っています。

本書はプロの古神道家（霊性を重視する江戸以前の神道を古神道《こしんとう》といいます）であり、開運・金運アップの実践指導者の立場から、自分の体験を踏まえて、**「神さまへの認識が深まれば、神社の風景が変わり、神さまの加護が増す」**という視点で書いています。これは仏閣も同様です。私が提唱する**「産土《うぶすな》開運法」**は「人脈の質が上がる。上《じょう》の縁が増え、下《げ》の縁が減る。タイミングがよくなる」という特長があります。

神社に参拝して、たくさん福徳をいただく人もいれば、そうでもない人もいます。

実は金運・福徳をたくさんいただくには、コツがあるのです。20年近くの神仏との直接交流によって、「開運の立場」から観た神社仏閣に参拝する際のポイントや神仏から喜ばれる祈り方、「21日・21回参拝法」などをご紹介していきます。

たとえば、神社では拝殿《はいでん》で祈願をしますが、「奥宮《おくみや》、神体山《しんたいさん》、地主神《じぬしがみ》、元宮《もとみや》、祓戸《はらへど》社《しゃ》」（それぞれ本文でご説明します）を意識している人は少ないのではないでしょうか。実はこれらの場所（パワースポット）に、重要な神々が隠れています。これらを認識して参拝することで、加護が増すのです。

ここで、各章の内容について説明しておきます。

第1章では、開運・成功という立場で、神社の基本から参拝法、受験や仕事での活用法Q&A、「21日・21回神社仏閣開運法」「7回参拝・祈願法」を紹介しています。神社の構成要素である「拝殿、本殿、摂社《せっしゃ》、末社《まっしゃ》、別宮《べつぐう》、奥宮、神体山、地主神、元宮、祓戸社、富士塚」について説明しています。

また、「産土《うぶすな》神社、鎮守《ちんじゅ》神社、諸国一の宮、二の宮、三の宮、総社《そうしゃ》、総鎮守、総本宮、一国一社の八幡宮、国魂《くにたま》を祭る神社、神社仏閣の両参り」などについても解説しています。

受験や就職など前に進む時には神社が有効なのですが、自分や家族の悩みや問題の解決には、仏閣参詣《さんけい》や仏尊《ぶっそん》の加護と後押しも合わせていただくことが有効であることがわかっています。

仏閣に参拝する際の優先順位として、「菩提寺《ぼだいじ》、総本山、大本山《だいほんざん》、別格本山、別院」についても、説明しています。さらに「仏閣の地主神、奥之院、諸国国分寺《こくぶんじ》・国分尼寺《こくぶんにじ》、神宮寺」という見落としがちなポイントも押さえています。

第2章では、「内なる開運法が、外なる神社開運法の効果を増す」ということで、自宅でできる最新の「21日・21回の内なる開運法・改良法」を7種類開示しています。「自己信頼開運法」「笑顔の行」「早朝4時起き祈願法」「前世・先祖のカルマ昇華法」「赦《ゆる》しと和解の開運法」「心のブレーキを解除する新たな誓い開運法」「過去の自己を肯定する言霊行」などを紹介しています。

第3章では、山田流「金運の法則」で、「貯蓄」と「収入」を増やしていく方法を述べていきます。自分の人生の主導権を握り、開運吉祥《きっしょう》・和楽《わらく》繁栄の人生になるには、〝金運から好かれ、仲良くなり、金運・吉運から選ばれる〟ことです。その方法を述べています。

第4章では、「開運シンクロニシティ（ラッキーな偶然）」と天地の法則で、幸運を引き寄せる方法を述べています。ユング心理学に「シンクロニシティ（意味ある偶然、共時性）」という概念があります。

開運シンクロニシティとは「幸運を引き寄せる偶然、事前に難を逃れる偶然、人生を大きく開く偶然」です。そこで開運シンクロニシティを起こす方法を説明します。自分の人生を大きく開いてくれる「貴人《きじん》」に会う秘訣、開運シンクロニシティが連続的に起きる「縁尋《えんじん》の機妙《きみょう》」についても説明しています。また、潜在意識を味方にして、「潜在意識の性質」を活用するとラッキーな偶然が起きやすくなります。

宇宙や地球の運行、大自然の四季の巡り（バイオリズム）などの天地自然の法則に合った思考や行動をすると、開運シンクロニシティが起きやすくなります。天地の7つの法則を活用して、開運シンクロニシティを起こすための方法を述べています。

第5章では、古神道の最奥義《さいおうぎ》・自神拝《じしんぱい》と「産土《うぶすな》の守護曼荼羅《しゅごまんだら》」強化法を述べています。自神拝は内なる神性「一霊四魂《いちれいしこん》」を拝み、霊性の覚醒をはかる秘伝行法です。自神拝によって、自分の一霊四魂と産土の守護曼荼羅を強化します。

弘法大師空海は大日如来《だいにちにょらい》さまを中心に、仏尊の配置を「曼荼羅」で表現しました。人間も内なる神性「一霊四魂《いちれいしこん》」を中心とした「産土の守護曼荼羅」を形成していることがわかりました。産土の守護曼荼羅のご存在たちは光の球体のイメージで、私たちを包むように守護してくれています。

そして、万物同根の「うぶすな」思考と、密教的曼荼羅思考は陰陽セットになります。

付章では、神社・聖地・霊山、前世・人間関係、「神棚・仏壇・お墓」の祭祀に関するQ&Aを述べています。まず、開運でお勧めの29神社と関連聖地を紹介しています。また、「富士山と日本国総鎮守の大神さまの霊山を合わせて7霊山と関連聖地」「日本国総鎮護の大仏尊の仏閣」を述べています。

巻末付録は、神社仏閣での祈り方と「日常生活での厳選祈り詞《ことば》・神言・真言」です。

日本は古来、「言霊《ことだま》の幸《さきは》ふ国」と称されてきました。言葉には霊力があります。

本書は読者の皆さんが一生ものとして活用できるように、最新の「言霊開運法」を紹介しています。当然のことながら、すべてを行わないといけないわけではありません。自分の状況や心境に応じて、行いたい開運法を実践すればよいでしょう。

ちなみに、祈り詞は実際に口で称《とな》えることを前提に、感情移入がしやすい文言になっています。また、「称《とな》える」と「唱《とな》える」を区別して使っています。神仏が関係した文言は称賛の意味がある「称える」を使い、それ以外は「唱える」としています。

本書の開運法を実行し、運を良くして、精神的・経済的に豊かになり、生き甲斐のある人生にしていただければ幸いです。

著者識

※なお、下記のように漢字を使い分けています。
祭る……ご祭神という言葉があるように、神さまについて使用します。
祀る……祖霊祀りという言葉があるように、仏尊さまやご先祖さまに対して使用します。

目次

第2章

第3章　お金の性質を知り、金運・財運アップのコツを伝授します！

付章　開運神社・聖地・霊山、前世・人間関係、「神棚・仏壇・お墓」の祭祀Q＆A

本文写真　山田雅晴、織田雅裕、まほろば研究会
本文イラスト・図版　青木宣人・織田彩華

第1章　神々・仏尊への祈願のコツを徹底解説します！

江戸時代までの日本人は「うぶすな」を大切にしていた

近年、江戸時代が再評価されています。江戸時代は265年にわたる太平（平和）の世でした。大自然とともに生き、四季の中で花鳥風月《かちょうふうげつ》を楽しみました。

また江戸時代は神社仏閣巡りが流行していました。21世紀になると、パワースポットとしての神社仏閣に参拝する人も増えてきました。

江戸時代の人々は、郷土の「うぶすな」を大切にしていました。郷土そのものにいます神霊を**「産土《うぶすな》の大神《おおかみ》さま」**といいます。大自然そのものに神宿るというのが、縄文時代からの神道思想です。〝大自然そのもの〟が神霊なのです。

「産湯《うぶゆ》」という言葉があるように、産土の大神は子どもの出生に関連しています。平安末期より、産土の神に対して、産神《うぶがみ》という名前も使われるようになっていきます。

神社仏閣に参拝するのなら、まずは産土神社・鎮守神社です。赤ちゃんが生まれた時には、多くの人が初宮参りを行いますね。皆さんは、初宮参りはどこに参拝されましたか？
初宮参りも、赤ちゃん本人にとっての産土神社にお参りするのがよいでしょう。現住所は引っ越しをすると変わりますが、私たちが生まれたところは一生変わりません。したがって、産土神社は一生変わりませんから、一生の守り神になります。

　ここで、「産土」と「氏神さま」の違いを説明しておきましょう。「氏神さま」というのは本来、それぞれの氏族の守り神です。たとえば、神奈川県鎌倉市の鶴岡八幡宮は源氏の氏神であり、奈良市の春日《かすが》大社は藤原氏の氏神になり、土地とは直接関係がありません。一方の「産土」は文字通り、郷土の土地神です。この二つは、概念が違うわけです。

「氏子《うじこ》」という呼び方が一般的ですが、産土神社に対しては「産子《うぶこ》」と呼ぶ方が正確なのです。明治維新後に氏子制度が整備されたこともあって、公的には産土の神ではなく、「氏神さま」が一般化していきます。つまり、氏神が通称になったのは、明治以降なのです。その結果、今は「産土さま」も「鎮守さま」も「氏神さま」も全部混同して、まとめて「氏神さま」と呼ぶようになったのです。

　私は長年、江戸以前の古神道の研究をしていて、江戸時代までの「うぶすな」に注目し、開運の基本として再評価しました。

「産土」はムスビ（産霊）の神なので、縁結びに効果がある

万物を生成発展させる働きを、神道ではムスビ（産霊）といいます。縁結びもムスビです。家庭の和楽もムスビであり、仕事も取引先や顧客とのムスビによって商売繁盛します。産土さまは縁結びの神であると同時に、商売繁盛の神にもなるのです。

ムスビは神道の大事な概念であり、すべてを「結んでいく」のが神道の考え方です。**産土の大神さまは、生まれた土地のムスビの神さま**です。結婚や家庭に関しては産土神社に参った方がいいのですが、それは、産土の大神さまはムスビの働きをしてくれるからです。

結婚はまさしくムスビの世界です。結婚をするのも、上《じょう》の縁、中《ちゅう》の縁、下《げ》の縁があります。これから結婚をする人が〝上の縁〟にするには、ムスビの働きをつかさどる産土さまにしっかりとお願いするといいのです。実際、ある女性は産土神社に参拝した後、合コンに参加して、そこである男性と出会い、結婚できたという体験談もあります。

産土開運法では、一人ひとり拝む対象が違います。お祈りをする時も、**「わが産土の大神さま」**といいます。自分の担当の守護神だからこそ、開運の切り札にもなって

くれるのです。家族一人ひとりの産土神社を大切にすることが、家内安全・家庭円満のコツになるということです。

産土の大神は人間の誕生に関わっています。産土の力、すなわちムスビの力がなかったら、私たちはこの世に生まれていません。私が開運カウンセリングをした人で、不妊に悩んでいた人が、産土開運法によって子宝を授かったというケースもあります。

誕生してから産土さまとの縁ができるのではなくて、誕生する前から、あの世にいる時から、産土さまとの縁はずっとあります。そして、死んでからも面倒を見てくださいます。その意味で、**「誕生前・現世・死後の世界」まで見てくださるのが「うぶすな」の世界**です。

「神・仏・先祖」三位一体で、「おかげさま」になる

日本では昔から、「先祖が草葉《くさば》の蔭で見ている」という言い方をします。草葉の蔭から見ているのは先祖だけではなく、神仏も見ています。

守護の「神・仏・先祖」を「御蔭様《おかげさま》」といいます。お天道さまやおかげさまを意識していると、あまり悪いことはやれません。だいたい悪いことをやる時は、人が見ていないと思ってやるものです。

現在、多くの凶悪犯罪の発生、社会秩序の崩壊など、人心の荒廃が進んでいます。これは人間の心が枯れてきたからです。現代人は「うぶすな」の世界を忘れてしまったからでしょう。ですから、「うぶすな」の世界観を取り戻すことが、安心の道につながるのです。

「グラウンディング」とは**「大地にしっかりと根をはった生き方」をすること**です。グラウンディングの基本は「うぶすな」にあります。「うぶすな」の世界を木にたとえますと、地上に出ている「幹」が私たち人間で、見えない地中の「根」は先祖です。そして、根に栄養を与える「土」が産土になります。

「うぶすな」はルーツを重んじますから、当然、自分の父方・母方両方の産土の大神も守護してくださいます。その結果、「自分・父方・母方」のトライアングルになっていくわけです。私の開運カウンセリングでは、その人の産土神社だけでなく、お父さんやお母さんの産土神社もリサーチしています。皆さんも守護神の数は多い方がよいですよね。

生まれたところは産土の大神さま、今住んでいるところは「鎮守の大神さま」が担当します。実は、産土の大神との神縁《しんえん》で、鎮守の大神が守護してくれているのです。鎮守の大神さまには、「自宅の鎮守の大神さま」と「職場の鎮守の大神さま」がいます。ですから仕事をしている人は、職場の鎮守神社にもお参りするとよいでしょう。

神社仏閣よくある質問Q&A
――産土の大神さまが摂社や末社におられる場合も

ここでは、よくある質問に答える形で、神社仏閣に関する基礎知識を紹介します。

Q．神社には拝殿、本殿、摂社《せっしゃ》、末社《まっしゃ》などがありますが、どんな神さまを祭っているのですか。

A．縄文時代以前より、古代人は山、岩、川、湖、海、風、火、空、すべてを神として拝んでいました。**「大自然すなわち神」であり、大自然のミニチュア版が神社の形態です。人間が拝むための拠点が神社になり、人間が波調を合わせやすい場所として、神社を建てた**のです。

拝殿――人間が本殿の神々を拝むための社殿。
本殿――拝殿の奥に建立《こんりゅう》されている主祭神がいます社殿。
別宮――主祭神と同格の神が祭られている。
摂社――主祭神に準じる神、主祭神に近い神々（家族）が祭られている。

末社――主祭神や地域に縁のある神々が祭られている。
奥宮――神が本来おられる聖地に鎮座する。

奈良県桜井市三輪《みわ》に鎮座する大和国一の宮・大神《おおみわ》神社のように、拝殿しかなく、神体山（神社に関係する神々が宿る山で、山自体がご神体になっている）の三輪山《みわやま》そのものを拝む形態もあります。三輪山には神々が鎮まる磐座《いわくら》・磐境《いわさか》があります。**磐座・磐境がある神社は、開運のパワースポット**でもあります。

また、大きな神社によっては別宮《べつぐう》があるところがあります。主祭神と同格の神さまを祭るのが別宮です。摂社は比較的大きな社で、主祭神に準じる神さま、または主祭神に近い神さまやご家族の神さまを祭っている場合が多いです。

参拝の順番としてはまずは拝殿の前で本殿に向かって拝み、次に摂社をお参りした方がよいでしょう。小さい社を末社といいます。

産土の大神さまは必ずしもご本殿にいらっしゃるわけではなくて、摂社や末社におられる場合もあります。日本の神々のルーツでもあるカムイさま（アイヌ語で神のこと）がおられることもしばしばあります。そのカムイ（神威）さまが産土の大神として働かれている場合もあります。ご祭神として明記されていなくても、太古より鎮まっている神霊（隠れ神）が産土の大神さまであることもあります。

したがって、「わが産土の大神さま」と祈れば、間違いなく通じるわけです。神さまも、「わが産土の大神と呼んでほしい」とおっしゃっています。自分の担当の神である「わが産土の大神さま」をメインにして、産土神社に祭られている他の神々も守護神になってくださいます。

また、ご神木《しんぼく》に宿っている場合もあるし、大地そのものに宿っていることもあります。神社は拝殿から本殿、さらには境内を含む全域が聖域なのです。

神体山や富士塚にはどうお参りしたらいいか

Q. 奥宮、地主神《じぬしがみ》、元宮、祓戸社《はらへどしゃ》、富士塚について、教えてください。

A. 神社に参拝した時、奥宮、地主神（その土地にもともと鎮まっていた神さま）は要チェックです。長野県上田市に鎮座する生島足島《いくしまたるしま》神社のように、ご本殿の背後に奥宮が鎮座している場合があります。

神体山の頂上に奥宮があって、人間が拝みやすい平地に里宮が鎮座している場合があります。山登りをしていて、山頂付近に祠がある時は、その山は麓《ふもと》の神社の奥宮である可能性が高いです。富士山の場合、山頂には駿河国一の宮・富士山本宮浅間《ほんぐうせんげん》大社の奥宮が鎮座しています。山や川など大自然を拝むのが、縄文神道です。

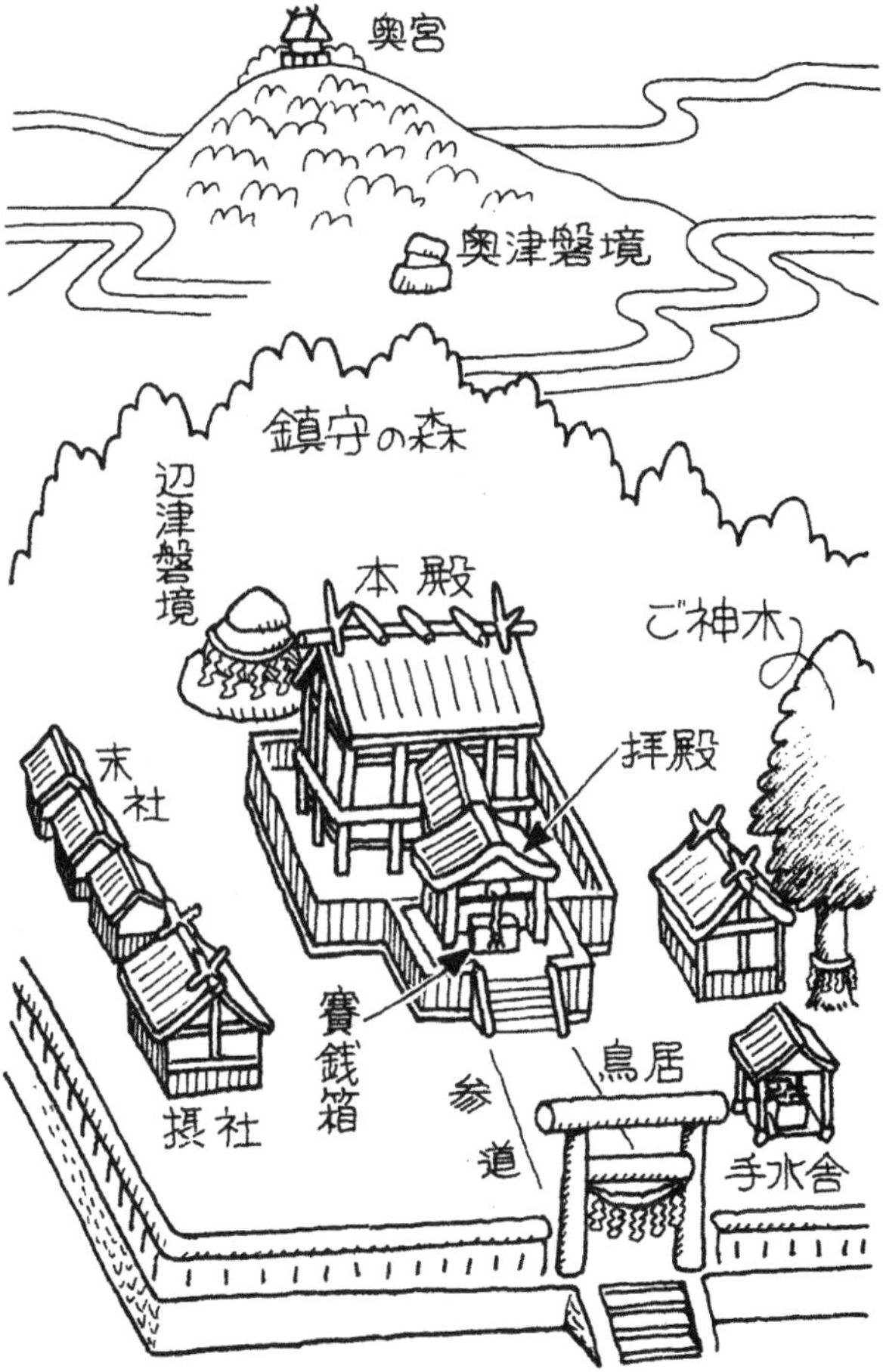

神社の構造図（『決定版・神社開運法』たま出版より）

拝殿と本殿だけが神社ではありません。境内全域、あるいは神体山があったら、お山全体を神さまがいます場所として拝むことが大事です。神さまのご本体は奥宮にいらっしゃる場合が多いので、里宮に「奥宮遥拝所《ようはいじょ》」があるなら、そこから奥宮を遥拝《ようはい》（遠く離れた所から、対象になる聖なる場所を拝むこと）するといいでしょう。

たとえば、三河国一の宮・砥鹿《とが》神社は里宮が愛知県豊川市一宮町に鎮座し、奥宮は本宮山の山頂に鎮座しています。遠江国《とおとうみのくに》一の宮・小國《おぐに》神社は静岡県周智郡森町に鎮座し、奥宮の奥磐戸《おくいわと》神社は神体山の本宮山山頂に鎮座しています。たとえば「本宮山」のように、山に宮の名前がついているところは要チェックです。

また、地主神を祭っている社はとても大切です。最初に土地神を祭り、その後に大きな神社が造営されたケースもあります。たとえば、大阪市北区に鎮座する大阪天満宮の場合、大将軍《だいしょうぐん》社が地主社になります。大阪天満宮が建立される250年前に大将軍社があり、そこに大阪天満宮が建てられました。

なお、私のサニワでは、大将軍社には太古神・アラハバキノ大神威《オオカムイ》さまが隠れています。サニワ（審神）とは神仏と直接交流し、その本質を洞察し、隠れた神仏やその真実を明らかにする古神道の奥義《おうぎ》です。

天満宮の場合、主祭神である菅原道真《みちざね》公が産土の大神さまや鎮守の大神さまになることはありません。**産土の大神さまや鎮守の大神さまは自然神・神話神ですから、人**

間神はなれません。

八幡《はちまん》神社でも、主祭神である応神《おうじん》天皇さま（古事記・日本書紀［まとめて記紀といいます］で、第15代とされる天皇で、八幡大神の中の1柱）は人間神ですから、産土の大神さまや鎮守の大神さまにはなりません。宗像三女神《むなかたさんじょしん》をはじめ、神話神やカムイさまがなります。

神社の案内で、「地主神」と出ていましたら、お参りするとよいでしょう。産土の大神さまは本殿をはじめ、摂社、末社のご祭神のうちのどなたかもしれないし、地主神の場合もあるからです。

また、元宮《もとみや》（その神社が最初に鎮座していた場所にある神社で、神体山に鎮座している場合もある）も重要です。和歌山県新宮市神倉《かみくら》に鎮座する神倉神社は熊野大神《くまののおおかみ》が熊野三山（熊野本宮大社、熊野速玉《はやたま》大社、熊野那智《なち》大社）として祭られる以前に、最初に降臨された聖地です。

「天磐盾《あめのいわたて》」という小山の上にある、巨大なゴトビキ岩がご神体《しんたい》（信仰の対象となる神聖なもので、神霊が宿っている）になっています。熊野速玉大社は神倉山から、新しい社殿を麓《ふもと》に建てて神々を祭ったことから「新宮」と呼ばれています。「○○大神降臨地」や「仏尊が出現した聖地」は元地として重要です。

宮城県塩竈《しおがま》市には陸奥《むつ》国一の宮・鹽竈《しおがま》神社が鎮座しています。末社の御釜《おかま》神社のご祭神は鹽竈神社と同じく塩土老翁神《しおつちのおじのかみ》さまです。というのも、御釜神社が鹽竈神社の元

神倉神社（和歌山県新宮市）のゴトビキ岩

宮だからです。昔、この地で製塩に使われた大きな神釜を祭っていることからもわかります。

大小の神釜が4つあり、それに海水を入れて天日《てんぴ》干しして製塩していました。その製塩法を教えたのが、シオツチノオジノ神さまだとされます。私のサニワではシオツチノオジノ神さまは太古神・アラハバキノ大神威さまです。

祓戸社とは祓戸《はらへど》の大神さまを祭る神社で、鳥居や手水舎《てみずしゃ》（参拝者が手を洗い口をすすぐための水盤のある建物）の近くに鎮座している場合が多いです。

たとえば、東京都杉並区に鎮座する井草《いぐさ》八幡宮の祓戸社、島根県出雲市に鎮座する出雲大社では、鳥居をくぐるとすぐに祓社《はらへのやしろ》が鎮座しています。

そこで、まず祓戸《はらへど》の大神さまのご開運をお祈りして、心でお祓いを受けます。祓社が鎮座している神社では、必ずお参りするとよいでしょう。

神道は「祓いに始まり、祓いで終わる」といわれるほど、禊《みそ》ぎ祓いの神々は重要です。神社の祭祀でも最初に奏上するのが禊祓詞《みそぎはらへのことば》（祓詞《はらへのことば》）です。古神道の最高祝詞《のりと》である『大祓詞《おおはらへのことば》』に登場するのが、祓戸の大神さまです。

「富士塚」は富士山信仰が盛んだった江戸時代に、富士山のミニチュアを造ったもので、関東を中心に分布しています。いわば神体山を造ったわけです。

たとえば、埼玉県志木《しき》市に鎮座する敷島神社の境内には、「田子山《たごやま》富士塚」があります。東京都品川区に鎮座する品川神社は「東京十社（東京の代表的な十の神社）」ですが、境内に「品川富士」と呼ばれる富士塚があります。

富士塚にはさまざまな神仏が祭られていますので、富士塚がありましたら、「とってもありがたい富士塚の大神さま・仏尊さまのいやますますのご開運をお祈り申し上げます」と祈るとよいでしょう。

「産土神社、菩提寺、先祖のお墓」の3点セットのお参りが基本

Q．神社仏閣に参拝する際の優先順位はありますか。

A．神社は産土神社が最優先になります。それを核として、自分に縁のある神社を広げていく感じにしてください。「産土神社、菩提寺《ぼだいじ》、先祖のお墓」の3点セットのお

参りが基本です。

菩提寺――自分の父方や母方の先祖が代々信仰していた宗旨で、先祖の墓があるお寺のことです。自分のルーツを大切にし、自分のルーツに縁ある存在から後押ししていただくわけです。菩提寺の場合、父方だけでなく、陰陽《いんよう》思想（天と地、北極と南極、心と体、男と女、父と母など陰陽のセットで万物は構成されているとする思想）から、母方の先祖も大切です。

産土神社―産土の大神さまが拠点としている神社。家族で同じ産土神社であっても、家族一人ひとりを担当する産土の大神さまは違います。

鎮守神社―鎮守の大神さまが拠点としている神社。同じ神社でも、鎮守の大神さまは一人ひとり違います。

職場の鎮守神社―本人の職場を担当する鎮守の大神さまが拠点としている神社です。

総鎮守――その地域の神社のトップというべき神社。

一の宮――大和国、武蔵国など旧国のトップの神社。

総社――旧国のすべての神々を祭る。一の宮とペアになる。

この中でも、産土神社が最重要です。産土の大神さまと鎮守の大神さまは、個人を直接担当します。「わが産土の大神」と言う時は、「私を担当してくださる親神さま」という意味です。家庭円満の秘訣は、家族一人ひとりの産土神社への参拝から始まります。

次が、今住んでいるところの鎮守神社です。また、職場の鎮守神社や学校の鎮守神社もあります。産土さま・鎮守さまを統括するのが総鎮守、そして旧国の一の宮になります。大きな神社に参拝する場合は、由来書や看板、インターネットなどで「一の宮」「総社」「総鎮守」などという肩書きがついているかどうかをチェックしてみてください。

Q．地域の総鎮守について、教えてください。

A．総鎮守は地域の代表的な神社で、一般の神社と一の宮の中間に位置する神社です。たとえば、東京都千代田区外神田《そとかんだ》に鎮座する神田神社（神田明神）は江戸総鎮守です。神奈川県横浜市西区宮崎町の伊勢山皇大《いせやまこうたい》神宮は、横浜総鎮守になります。新潟市中央区一番堀通町《いちばんぼりどおりちょう》の白山《はくさん》神社は新潟総鎮守になります。

総鎮守は代表的な神社なので、「市の名前」と神社の名前が同じ場合も多いです。たとえば、岡山市の岡山神社、埼玉県秩父《ちちぶ》市の秩父神社、川口市の川口神社、蕨《わらび》市の和楽備《わらび》神社、千葉県松戸市の松戸神社、千葉市の千葉神社、愛知県知立《ちりゅう》市の知立神社（尾張国二の宮）、岩手県盛岡市の盛岡八幡宮などです。必ずそうであるとは言えませんが、その点を念頭においておくと総鎮守を探しやすいかもしれません。

江戸総鎮守・神田神社（東京都千代田区）

秩父総鎮守・秩父神社（埼玉県秩父市）

それから「大社《たいしゃ》」と称される神社も、総鎮守の場合が多いです。奈良県生駒《いこま》郡の龍《たつ》田《た》大社など大きな神社は総鎮守になっています。

「長崎くんち」で有名な鎮西《ちんぜい》大社・諏訪神社は長崎市上西山町に鎮座し、長崎総鎮守です。諏訪神社に参拝する場合、元地の松森天満宮や、末社《まっしゃ》（主祭神や地域に縁のある神々が祭られている小社）の西山神社（妙見宮）もあわせてお参りするとよいでしょう。

インターネットで神社と地域を検索して、〇〇総鎮守と出てくる神社がその地域の総鎮守になります。この後に紹介する21日連続神社参拝・祈願法も、産土神社や鎮守神社がはっきりしない人は氏神さまか、総鎮守、一の宮、二の宮、三の宮、総社で行うとよいでしょう。

Q．一の宮、二の宮、三の宮、総社、一国一社の八幡宮（国府八幡宮）、国魂《くにたま》の神社について、教えてください。

A．旧国の社格のトップが一の宮です。11世紀から12世紀にかけて一の宮ができましたが、その当時から有力な神社でした。現在9万社ほど神社があり、そのうちのベスト100社が一の宮などになります。

一の宮だけでなく、二の宮、三の宮がある国も多いです。上野国《こうづけのくに》（群馬県）は、一の宮が貫前《ぬきさき》神社（富岡市）、二の宮が赤城《あかぎ》神社（前橋市）、三の宮が三宮神社（北群馬郡吉岡町）となり、さらに九の宮まであります。

相模国《さがみのくに》（神奈川県）一の宮は寒川《さむかわ》神社（高座《こうざ》郡寒川町）、鶴岡八幡宮（鎌倉市）であり、二の宮が川匂《かわわ》神社（中《なか》郡二宮町）、三の宮が比々多《ひびた》神社（伊勢原市）、四の宮が前川神社（平塚市）です。

尾張国（愛知県西部）一の宮は真清田《ますみだ》神社（一宮市）、大神《おおみわ》神社（一宮市）であり、二の宮が大縣《おおあがた》神社（犬山市）、三の宮が熱田《あつた》神宮（名古屋市）です。名古屋市熱田区に鎮座する熱田神宮は名古屋総鎮守です。天皇家の三種《さんしゅ》の神器《じんぎ》の中の「草薙剱《くさなぎのつるぎ》」をご神体としています。境内摂社の上知我麻《かみちかま》神社は「熱田神宮の地主神」とされます。名古屋市緑区大高町《おおだかちょう》に鎮座する境外摂社の氷《ひ》上姉子《かみあねご》神社は「元宮（熱田神宮の創始の社）」になります。尾張国では、愛知県稲沢市国府宮《こうのみや》に鎮座している尾張国総社・尾張大国霊《おわりおおくにたま》神社もあわせて、お参りするとよいでしょう。

さて、一の宮は通常旧国に1社ですが、長い歴史の中で、一の宮が増えました。一の宮が二つ以上ある場合、どちらが正統かと考えるのではなく、開運をお願いするためには、自分が住んでいる一の宮はすべてお参りした方がよいのです。

自分が住んでいる地域で、一の宮、二の宮、三の宮、四の宮、五の宮などと社格を称している神社は、その地域の総鎮守になっている神社も多いので、参拝しておくとよいでしょう。それらは、後述する21日連続参拝開運法を行うのにも適しています。

参拝の際は、「伊豆国一の宮・三島大社」「伊勢国二の宮・多度《たど》大社」というように、社格をつけて神社を称すると、「この人間はよくわかっているな」と神々の覚えがよいです（笑）。これも祈願のコツの一つです。

総社とは平安時代に、国司《こくし》（中央から派遣された地方官）がその国の神々を合祀《ごうし》した神社です。「総社」「総社神社」「惣社」という名称の神社があるはずですから、自分の地域の総社をチェックしてみましょう。たとえば、岡山県総社市に備中国総社宮《びっちゅうのくにそうじゃぐう》が鎮座しています。備中国総社宮には、備中国の主要神社の３０４柱《はしら》の神々（神々を数える時は柱という単位を使います）を祭っています。

武蔵国総社は東京都府中市に鎮座する大国魂《おおくにたま》神社です。府中とは、まさに古代に国府があったところです。このように、地名に「国府、府中、総社、惣社」などがついている場合、総社が鎮座している場合があります。群馬県前橋市元総社町には下野国総社の総社神社が鎮座しています。下野国の５６４柱の神々を祭っています。その元地が同じ町の宮鍋《みやなべ》神社になります。

第45代聖武《しょうむ》天皇は全国に国分寺（後述）を建立するとともに、国府の近くに「一国一社の八幡宮（国府八幡宮）」を創建しました。たとえば、府中市宮町に鎮座する武蔵国総社・大国魂神社の近くに、武蔵国府八幡宮（八幡町）が鎮座しているのもその例です。千葉県市川市八幡に鎮座する葛飾《かつしか》八幡宮、静岡県磐田《いわた》市《し》中泉《なかいずみ》に鎮座する府八幡宮、富山市八幡《やはた》に鎮座する一国一社八幡宮など全国に鎮座しています。「一国一社の八幡宮」と称している八幡神社が鎮座していれば、お参りするとよいでしょう。

それから、国魂《くにたま》を祭る神社もお勧めです。国魂とは産土をさらに拡大した地域に鎮まる神々のことです。愛媛県松山市居相町《いあいまち》に鎮座する伊豫豆比古命《いよずひこのみこと》神社のご祭神は伊豫豆比古命、伊豫豆比売命《いよずひめのみこと》、伊与主命《いよぬしのみこと》、愛比売命《えひめのみこと》で、伊予国の国魂を祭る神社です。『古事記』によれば、イザナギノ大神さま・イザナミノ大神さまが国生みの時に、四国で4柱の国魂を生んだとされます。その1柱が愛比売命で、愛媛という県名はこれに由来しています。

香川県丸亀市飯野《いいの》町に鎮座する飯《いい》神社のご祭神は讃岐国《さぬきのくに》の国魂である飯依比古命《いいよりひこのみこと》さまと、少彦名命《すくなひこなのみこと》さまです。神体山の飯野山《いいのやま》は「讃岐《さぬき》富士」と呼ばれる美しい山です。

武蔵国総社・大国魂神社は文字通り、主祭神に大国魂大神《おおくにたまのおおかみ》さまを祭っています。尾張国総社・尾張大国霊《おおくにたま》神社も主祭神に尾張大国霊神さまを祭っています。総社が国魂を祭っている神社もありますので、総社は特に重要です。

また、国土そのものをご神体にしているのが長野県上田市の生島足島《いくしまたるしま》神社、大阪市天王寺区の生国魂《いくくにたま》神社です。

Q. 総本宮について、教えてください。

A. その系統の神社が発祥した神社です。ですから自分の産土神社・鎮守神社・氏神さまの総本宮に参拝するとよいでしょう。総本宮の大神さまが、系統の神々をバックアップしてくださるからです。

たとえば、天満宮の総本宮は、福岡県太宰府《だざいふ》市の太宰府《だざいふ》天満宮です。秋葉《あきば》神社の総本宮は、静岡県浜松市天竜区の秋葉山本宮・秋葉神社です。日枝《ひえ》神社・日吉《ひよし》神社の総本宮は滋賀県大津市の日吉大社です。

祓戸の大神さまの総本宮は、滋賀県大津市に鎮座する佐久奈度《さくなど》神社です（付章参照）。津島神社の総本宮は、愛知県津島市の津島神社であり、稲荷神社の総本宮は京都市伏見区の伏見稲荷大社です。

八幡神社の総本宮は、大分県宇佐市の豊前国《ぶぜんのくに》一の宮・宇佐《うさ》神宮です。「三大八幡」とは宇佐神宮、石清水《いわしみず》八幡宮（京都府八幡市）、筑前《ちくぜん》国一の宮・筥崎宮《はこざきぐう》（福岡市）です。関東の相模国一の宮・鶴岡八幡宮を入れる場合もあります。

浅間神社の総本宮は、静岡県富士宮市の駿河《するが》国一の宮・富士山本宮浅間大社です。

諸国一の宮の中には、総本宮になっている場合もありますので、チェックしてみてください。

武蔵国総社・大国魂神社（東京都府中市）

佐久奈度神社（滋賀県大津市）

ケガれた気や暗い雰囲気がある神社・寺院には無理に参拝しなくてよい

Q．「両参り」という言葉があるそうですが、両方お参りした方がよい神社仏閣があるのですか。

A．これは縁深い二つの神社仏閣にお参りすると、福徳をたくさんいただけるということですから、なるべく「両参り」をするとよいでしょう。

たとえば、福の神・大国主大神《おおくにぬしのおおかみ》さまを祭るのが、出雲国一の宮・出雲大社（島根県出雲市）です。出雲大社は島根半島の西側に位置し、東側に鎮座するのが美保《みほ》神社（松江市）です。

「出雲大社だけでは片参り」とされ、出雲大社と美保神社で両参りになります。出雲大社は大国主大神さま系統（大己貴命《おおなむちのみこと》、大名持命など）の総本宮であり、ダイコクさまの総本宮になります。美保神社はエビスさまの総本宮であり、「エビス・ダイコク」になるわけです。

岡山県倉敷《くらしき》市に瑜伽山蓮台寺《ゆがさんれんだいじ》・由加《ゆが》神社があり、「金刀比羅宮《ことひらぐう》（香川県仲多度《なかたど》郡琴平町）と瑜伽山の両参り」が江戸時代から明治にかけて隆盛だったといわれます。金刀比羅宮は全国の琴平《ことひら》神社の総本宮になります。

「牛にひかれて善光寺《ぜんこうじ》参り」といわれた長野市の善光寺も、長野県上田市の北向《きたむき》観音とセットになります。善光寺だけでは片参りになるとされます。上田市の北向観音に参詣する場合、常楽寺（天台宗別格本山《べっかくほんざん》）にもお参りするとよいでしょう。常楽寺には北向観世音菩薩さまが出現した多宝塔《たほうとう》があります。

「一の宮」というその国のナンバーワンの神社と、その国のすべての神々を祭っている「総社」に両参りすると効果が増します。また、総社と国分寺・国分尼寺も両参りするとよいでしょう。

Q．神社の参拝の作法について、いろいろありますが。

A．通常は「二拝・二拍手・祈願・一拝」です。明治時代に祭式作法が統一されて、現在の神社参拝法になりました。

しかし、出雲神道（出雲大社系の神道）では「二拝・四拍手」です。江戸時代の吉田神道（京都の吉田神社系の神道）の秘伝巻物には、節目ごとに二拍手をしています。古神道では、秘伝を授けることを「拍手を授ける」といい、最高で六十四拍手（八×八）を打つこともあります。

私は神社での祈願が短い場合は「二拝・二拍手・祈願・一拝」とし、長くなる場合は吉田神道流に最初に「二拝・二拍手・一拝」、最後に再び「二拝・二拍手・一拝」をしています。

Q．神社には月何回行ったらよいですか。

A．自分が行きたい時、行ける時に参拝すればよいでしょう。通常は月1回ほどお参りして、ここぞという時は連続して参拝祈願します。その延長に21日連続参拝行があります。

「私は☆☆という目標に向かって、積極的に○○をいたします。大いなるご守護と後押し、どうぞよろしくお願い申し上げます」と**神さまに具体的な祈願内容を伝え、自分がそれらを実現するための計画と行動を宣言し、しっかりと守護と後押しをお願いする**ことです。

日常生活では、自神拝《じしんぱい》の祈り詞《ことば》の後に自分の祈願をしっかり行い、時間がある時に神社に参拝すればよいと考えてください。古神道の最奥義《さいおうぎ》の自神拝については第5章で詳しく述べています。

Q．神社に参拝するのに、仕事の帰りの夜に行ってもよいでしょうか。

A．基本的にはいつ参拝してもかまいませんが、治安上、深夜はやめた方がよいでしょう。誰かの家を訪ねる時と同様に、常識の範囲内とされる時間に参拝することです。神仏の世界も、人間世界でのお付き合いと基本的には変わりはありません。

また、「神社でのお祈りは声を出した方がいいですか、出さなくてもよいですか」という質問もよくされます。基本的には声を出した方が、神仏はよりわかりやすいのです。ただし、拝殿で大きな声を出すと、周囲の人に迷惑になりますので、黙念（無言で心で祈ること）するか、小声にします。誰もいないところから、本殿に向かって、周囲から違和感を持たれない程度の声で、お祈りをするとよいでしょう。

大切なのは、**〝神仏に祈りが通じるように、しっかり気持ちを込める〟**ことです。祈りとは〝意乗り〟です。自分の意をしっかり神仏に伝えることです。

回数や時間という数値的要素ではなく、神仏に心を通じさせるという気持ちで祈りましょう。要は〝質〟が大事だということです。

「神社の境内にある稲荷神社は、参拝した方がよいでしょうか」と相談されることもあります。参拝したければ参拝し、したくなければ参拝しなくてもけっこうです。稲荷大神さまは穀物をつかさどる偉大な神さまであり、眷属《けんぞく》（配下）がキツネになります。ただし、光の白狐神《びゃっこしん》さまのように神として働いているご存在もいます。

稲荷神社では江戸時代から商売繁盛をはじめ、人間の欲望を実現するような祈願を多くされており、欲望実現の要素が強くなっています。中には人間の念がこもっている場合があります。基本的にはケガれた気や暗い雰囲気がある神社・寺院、または摂社・末社には無理に参拝しなくてよいでしょう。

神社祈願は「本人の実力が存分に発揮できるように」後押ししていただく

Q．祈り方のコツを教えてください。

A．皆さんは神社に行った時に、拝殿でパンパンと拍手をしてお祈りしていますが、**拝殿の奥にある本殿を意識してお参りすることが大事**です。拝殿の奥にご本殿があり、そこにご神体が祭られています。本殿に向かって祈りをシューッと届かせるという気持ちで祈ります。

　下を向いて祈ったら、波動も下に行ってしまいますから、目を開けて、本殿（鏡または御扉《みとびら》）をしっかり見てお祈りするとよいでしょう。

（1）神社仏閣での参拝・祈願で、**特にお勧めなのが、「神仏のご開運を祈る」こと**です。幕末の神道家・黒住宗忠《くろずみむねただ》は「天照大御神の御開運を祈る」ことを提唱しました。私はそれを発展させて、現代風に**「神仏の一霊四魂のいやますますのご開運をお祈り申し上げます」**としました。

最初は「神仏のご開運をお祈り申し上げます」と祈っていたのですが、私は神仏とテレパシーで交流できますので、称《とな》えているうちに、「益々《ますます》のご開運をお祈り申し上げます」となり、さらに強調して「神仏の一霊四魂（内なる神性）の弥益々《いやますます》のご開運をお祈り申し上げます」となりました。

この祈り詞《ことば》は「神仏が喜び、元気になる祈り詞」です。「神仏のご開運を祈る」ことで、神仏が元気になり、パワーアップします。その後に、人間の願いごとを頼みます。いわば、神仏と人間の〝相互助け合い〟になればいいのです。

（2）神仏に対してきちんと合掌して、目をしっかり開けて、胸の奥にある直霊《なおひ》からシュッーッと光を出すような感じで祈ることです。直霊とはまさしく心（ハート）です（161ページ参照）。

しっかりと目で見ると、直霊から祈りの光が出るようになります。「目の力」を使うようにしましょう。西洋人も胸にハートを書きます。人類は共通して、胸に心があることが直観的にわかっているのです。具体的な祈り詞は後述します。

人間社会では「話せばわかる」という言葉がありますが、「相手にわかるように話す」ことが大切です。それと同様に「祈れば通じる」ではなく、**「通じるように祈る」**ことが大切です。

◎祈り（他力）…神仏との共鳴同調

◎念力（自力）…決意・覚悟、行動

祈りとは神仏と共鳴し、交流をはかることです。時々、神社仏閣で神仏に念を込めるように祈っている人がいますが、神仏は念を込められるのをいやがります。

念力は自分の力を出す時に使うもので、目標実現をはかる時は念力を使います。神仏に祈る場合はリラックスして、波長を合わせ、共鳴させることです。

（3）いつも参拝する神社のご祭神をインターネットや図書館などで調べて、ご祭神のことを理解して祈るのがポイントです。できれば、ご本殿だけでなく、摂社、末社、奥宮、地主社のご神名を知っておくようにしましょう。

人間同士で、「あなたがどんな人か知らないですけど、助けてもらえませんか」と頼むことはないでしょう（笑）。それと同様に、菩提寺や総本山、大本山（別格本山）などのご本尊さま・仏尊・仏尊配下の神々さまについても調べることです。なお大本山は、総本山の次に位の高い寺院で、その宗派に属する末寺《まつじ》を統轄する寺であり、別格本山は大本山に準じていて、別格の扱いを受ける寺です。

（4）大切なのは神社の由来書などの表記以外にも

多くの神々がおられ、仏尊がおられる場合があるということです（後述）。さらに隠れ神もおられるので、たくさんの神々や仏尊がおられるとイメージして祈ることです。それが福徳をたくさんいただくコツです。

（5）神さまへ開運の決意表明をする際は、自分の具体的な複数の目標と実現するための計画と作戦を示します。そして、自分の行動がより結果につながるように後押しをいただきます。「自分の目標」を書いた用紙を神さまにお見せして、具体的な作戦を神さまにプレゼンテーションすると効果が高いです。

ただし、神職さんや参拝者が近くにいない場所で、本殿に向かってお見せしてください。大事なのは神仏に「○○○を行います！」と宣言するわけですから、宣言した通りに実行していくことです。自分の本気の行動と、神仏の後押しが車の両輪になって前へ進むのです。

Q． 高校受験や大学受験で成功するためのコツを教えてください。

A． 受験では、学問の神さまの天満宮に参拝する人が多いようですが、基本はあくまでも産土神社か鎮守神社です。産土神社が近かったら産土神社に参拝し、祈願することになります。「産土神社、菩提寺、お墓」の3点セットにお参りして、後押しをお願いしておくことです。親の鎮守神社とともに、受験生本人の鎮守神社にも参拝します。お祈りは次のような言葉を称《とな》えるとよいでしょう。まず二拝二拍手一拝をします。

「とってもすばらしいわが鎮守の大神さま、いつもありがとうございます。宇宙の大いなる意志、大調和に基づく天命もちて、とってもありがたいわが鎮守の大神さまの一霊四魂の、いやますますのご開運をお祈り申し上げます。このたび、わが息子（娘）の○○さんは、○○市○○町の○○校を受験いたします。本人も一所懸命勉強しますので、本人の実力を存分に発揮して、合格できますように、大いなる後押しのほどよろしくお願い申し上げます」

最後に、二拝二拍手一拝をします。受験生本人の生年月日と十二支（○年生まれ）、受験校の住所も詳しく述べておきましょう。生まれ十二支は、立春（2月4日）から翌年の節分（2月3日）までです。したがって、1月生まれの人は前年の十二支になります。

受験生の鎮守神社に参拝した時は、「わが息子（娘）○○さんの鎮守の大神さま」と言い換えます。その上で、受験校の「学校の鎮守神社」にも参拝するとよいでしょう。その際は、「わが息子（娘）○○さんが受験する○○校の鎮守の大神さま」と変えて、お祈りします。これらの神社祈願は、**「本人の実力を存分に発揮して、合格で**

きるように後押ししていただく」ために行います。

私は例年、高校受験・大学受験の相談を受けます。その際、産土神社・鎮守神社参拝・祈願法と、具体的な受験の作戦を話しています。「合格という成功体験を確実に積んでいく」ことを受験のモットーにするとよいのです。

「第一志望校しか受けない」と言う人がいますが、それはとても危険です。その学校に進学するつもりがなくても、易しいレベルの学校も含めて多めに受けるようにした方がいいでしょう。「合格という成功体験」を何回か積むことで、自信がついてきます。受験に限らず、人生で「小さな成功体験をたくさん積んでいく」ことがポイントになります。ここで大学受験に関するHさんの体験談をご紹介します。

「このたび、娘が第一志望の大学に合格しました。実力より上の挑戦校への受験でしたが、無事合格でき、『奇跡だ』と思うほどびっくりし、また喜んでおります。

初めて21日祈願法を行いました。（娘の産土神社で私の鎮守神社と同じ）神社に毎日通っていると、神仏さま方が喜んでくださっているように感じ、参拝することがとても楽しくなりました。家の神棚、娘の産土神社、鎮守神社、高校、大学の鎮守神社に目標シートをお見せし、合格のために娘・私が努力することを宣言し、祈願しました。やれることを思い切りやったことで、私の中の不安も娘の不安も払拭できました。家族ともども大変喜んでおります」

Q．自分の仕事の業績を上げたいのですが、何かいい方法はありますか。

A．自分の職場の鎮守の大神さまにお願いしてみてください。自分の現住所の鎮守神社、職場の鎮守神社、総鎮守、一の宮、総社という形で守護してくださいます。

また、相手先との間でトラブルが起きた時も、同様です。まずはトラブルの原因を探り、現実的な対策を立てた上で、自分の職場の鎮守神社と相手先の職場の鎮守神社に後押しをいただくとよいでしょう。

この「職場の鎮守神社ネットワーク」を使ったところ、相手の対応が優しくなり、トラブル以前よりも友好的になったというケースもあります。

これらの方法は、最初から結果が決まっている場合（たとえば、多額の負債を抱えて、自己破産するしかないケースなど）には当然無理です。しかし、ビジネスでは、「どっちに転んでもおかしくない」という状況は多いものです。そういう場合に、後ろからポンと後押しして、よい方に変えてくださるのです。

神々は「目標の実現」、仏尊は「悩みの解決」の後押しが得意

Q．「神々と仏尊」の働きは、どう違うのですか。

A．一言でいいますと、神々は「目標の実現」、仏尊は「悩みの解決」の後押しが得

意です。陰陽論からいいますと、「陽」が神であり、「陰」が仏尊であり、陰陽調和が大切です。

日本人は長年、神社と仏閣にお参りしてきました。私が開運カウンセリングをしていますと、神仏の得意分野が違うことがわかってきました。

神々―受験、就職、結婚など前に進む行動に対する守護と後押し

仏尊―自分や家族の悩み、身内の不和、先祖に関する問題の解決に関する守護と後押し

先祖―身近で守護先祖霊団として守る

仏尊さまたちはご先祖さまとの関係が深く、家庭内の問題には仏尊さまとご先祖さまのご開運が大切になります。したがって、「神・仏・先祖」三位《さんみ》一体の産土開運法をバランスよく行うのがよいのです。当然ですが、神さまにも問題解決や家族のことも頼むべきですし、仏尊さまにも受験などの後押しは頼んでください。

読者の皆さんは、自分の父方・母方の仏教宗旨と、父方・母方の菩提寺（先祖のお墓がある寺院）はご存知ですか？　産土神社・鎮守神社とともに、両家の菩提寺とお墓にお参りすることは開運の基本になります。江戸時代までの日本人は、神職の家以外は仏教寺院の檀家《だんか》に入っていました。

読者の中には、神社には参拝しても、仏閣には参詣しない人がいるかもしれません。

私の提唱する「うぶすな」とは、神社だけでなく、仏閣やお墓も含めた自分のルーツを尊重することです。

Q．仏閣に参拝する際の優先順位はありますか。

A．まずは自分の父方・母方の菩提寺です。新興宗教に入信している人でも、以前は仏教の檀家だったはずなので、自分のルーツとして、菩提寺の仏教宗旨を調べるとよいでしょう。

次がその仏教宗旨の総本山です。真言宗なら和歌山県の高野山金剛峯寺《こうやさんこんごうぶじ》や京都の東《とう》寺《じ》、香川県の善通寺《ぜんつうじ》、天台宗なら滋賀県の比叡山延暦寺《ひえいざんえんりゃくじ》、天台寺門宗では三井寺《みいでら》（園城寺《おんじょうじ》）、日蓮宗なら山梨県の身延山久遠寺《みのぶさんくおんじ》です。曹洞宗なら福井県の永平寺、浄土宗なら京都の知恩院、時宗《じしゅう》なら神奈川県の清浄光寺《しょうじょうこうじ》（遊行寺《ゆぎょうじ》）になります。

私の父方・母方の宗旨は浄土真宗なので、総本山は京都市の東本願寺・西本願寺です。時々、「自分の家は東本願寺なので、西本願寺はお参りしなくてもよいですか」という質問がありますが、開運したいなら両方お参りした方がよいに決まっています。さらに、大谷本廟《おおたにほんびょう》（親鸞聖人の墓所）もお参りするとよいでしょう。

地域には大本山や別格本山、別院があります。たとえば、日蓮宗では東京都大田区の池上本門寺が大本山になります。曹洞宗では港区の長谷寺《ちょうこくじ》が総本山の永平寺の東京別院になります。臨済宗には総本山はなく、京都の妙心寺や鎌倉の建長寺などが大本山になります。

総本山が遠くて、なかなか参詣できない場合は、インターネットで地域の大本山や別格本山、別院を調べて、参詣するとよいでしょう。そうしますと、菩提寺のご本尊さま・仏尊さま・仏尊配下の神々さまが喜ばれます。

たとえば、薬師瑠璃光如来《やくしるりこうにょらい》さまは癒しの専門仏尊であり、両脇に日光菩薩さま・月光菩薩《がっこうぼさつ》さまを従えています。合計8万4000の仏尊配下の神々に薬師瑠璃光如来さまは護られているとされます。薬師瑠璃光如来さまを拝む場合、「薬師曼荼羅《まんだら》」の一大グループをイメージして拝むと大きな加護をいただけます。

臨済宗の別格本山には埼玉県新座市の平林寺《へいりんじ》などがあります。浄土真宗の名古屋別院など、大都市には総本山の別院があります。

それから、諸国の国分寺です。奈良市の東大寺が総国分寺であり、国家の平安のための仏閣です。長い年月の中で消滅した国分寺が多いのですが、武蔵国分寺や信濃国分寺など残っている寺院もあります。参詣して自分たちの平安とともに日本の平和を祈るとよいでしょう。

江戸時代まで、大きな神社のそばに神宮寺（別当寺《べっとうじ》、神護寺《じんごじ》、宮寺）がありました。しかし明治時代の廃仏毀釈《はいぶつきしゃく》という蛮行によって、多くの神宮寺はなくなりました。

たとえば、千葉県船橋市三山《みやま》に鎮座する下総国《しもふさのくに》二の宮・二宮神社の近くには、神宮寺があります。福井県小浜市《おばまし》神宮寺には、若狭《わかさ》国一の宮・若狭彦《わかさひこ》神社の神願寺として、若狭神宮寺があります。この若狭神宮寺は、奈良の東大寺（総国分寺）の二月堂《にがつどう》へ「お水送り」が行われており、特に重要な神宮寺です。

このように今でも残っている神宮寺（別当寺）もありますので、神宮寺を見かけましたら、神社とともにお参りするとよいでしょう。後述しますが、仏閣は戦国時代の焼き討ちや明治時代の廃仏毀釈で、多くの仏像が消失しました。つまり、仏閣には祀られている仏尊以外に、多くの「隠れ仏尊たち」がおられるのです。それも踏まえてご開運をお祈りするとよいでしょう。

Q．仏閣での参詣のポイントを教えてください。

A．仏閣も神社と同様に考えればいいでしょう。本堂が基本ですが、奥の院があればお参りします。また、地主神を祭っている場合は、必ずお参りするとよいでしょう。

たとえば、東京都目黒区に天台宗の目黒不動尊（瀧泉寺《りゅうせんじ》）があります。江戸三大不動の一つです。大本堂には不動明王さまが祀られています。大本堂の背後には、大日如来像が四天王とともに祀られています。大日如来さまは太陽の化身として、遍《あまね》く照らすご存在であり、地上に降りて民衆を救う場合、光が炎と変わり、不動明王さまになります。この大日如来像の背後に、地主神である「大行事権現《だいぎょうじごんげん》」さまを祭る祠《ほこら》があります。つまり、大本堂・大日如来像・地主神をセットでお参りするとよいのです。

千葉県成田市の真言宗大本山の成田山新勝寺も、大本堂には不動明王さまが、奥の院には大日如来さまが祀られています。そして、奥の院の右手には清滝《きよたき》権現堂・妙見堂が鎮座しています。ここには新勝寺が開山する以前からの地主神が祭られています。成田山新勝寺の発祥の地が「不動塚」（成田市並木町）です。

大きな仏閣を建てる場合、地主神さまにご許可をいただき、社を建てて祭る場合が多かったのです。高野山金剛峰寺《こうやさんこんごうぶじ》も、御社《みやしろ》として地主神を祭っています。比叡山延暦寺《ひえいざんえんりゃくじ》の地主神が、滋賀県大津市の日吉大社になります。日吉大社は全国の日吉神社、日枝神社の総本宮です。

Q. 仏教には「曼荼羅《まんだら》」がありますが、どういう意味ですか。

A. 弘法大師空海が密教の教えや悟りについて、太陽の化身とされる大日如来《だいにちにょらい》さまを中心にして、多くの仏尊たちの配置で表現されたものです。大日如来さまの智慧を表す「金剛界曼荼羅《こんごうかい》」と、大日如来さまの慈悲を表す「胎蔵界曼荼羅《たいぞうかい》」があります。神仏と直接交流しますと、「金剛界曼荼羅は『太陽界曼荼羅』ともいうべき曼荼羅であり、胎蔵界曼荼羅は『太陰界曼荼羅』というべき曼荼羅になっており、配置された仏尊も本来の配置とは多少違います」ということでした。そこで私は本来の配置として、「光の太陽界曼荼羅」「光の太陰界曼荼羅」とお呼びしています。

実は、如来・菩薩はそれぞれの「曼荼羅」を持っています。大日如来さまの曼荼羅は有名ですが、「薬師曼荼羅」や「阿弥陀《あみだ》曼荼羅」「虚空蔵《こくうぞう》曼荼羅」など仏尊の曼荼羅を形成しているのです。

また、曼荼羅の絵は平面で書かれていますが、仏尊を拝む際は、曼荼羅が「光の大きな球体」になっていると立体的にイメージすることが大切です。

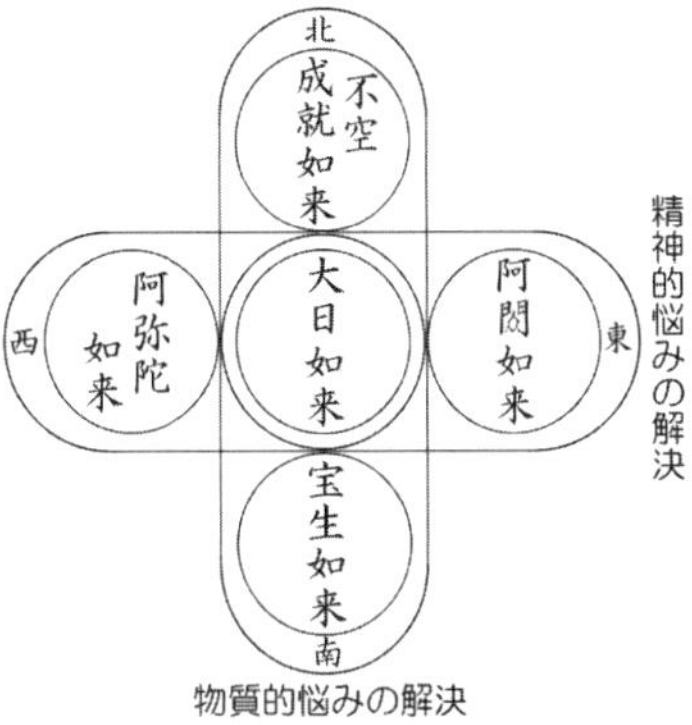

たとえば、阿弥陀如来《あみだにょらい》さまには無量光如来《むりょうこうにょらい》さまと無量寿如来《むりょうじゅにょらい》さまがおられ、それぞれ無量光曼荼羅、無量寿曼荼羅を形成しています。さらに、観世音菩薩《かんぜおんぼさつ》さまをはじめ、二十五菩薩が阿弥陀如来さまの周囲におられます。菩薩さまの配下の神々もともにおられます。仏像は一体でも、「立体曼荼羅」と認識して、曼荼羅として祈ることで、多くのご存在たちからの加護を受けられます。

浄土宗や浄土真宗は阿弥陀如来さまを拝んでい

ますが、さらに陰陽の「阿弥陀曼荼羅」の多くのご存在たちから守護をいただくという気持ちで念仏を唱えると、守護が厚くなります。

最近、地蔵大菩薩というお名前よりも「地蔵大仏尊《じぞうだいぶっそん》」の方がふさわしいことがわかりました。そして、地蔵大仏尊さまは「地の五行《ごぎょう》 中宮《ちゅうぐう》の大仏尊」として、〈地蔵曼荼羅〉を形成していることもわかりました。

地蔵大仏尊さまは「財宝により金銭に困らない生活」「食べ物に不自由しない」「災難に遭わないように加護する」「すばらしい智慧を授ける」「子宝に恵まれる」「さまざまな病を除く」「長生きできる」「極楽に行くことができる」など十の福徳をお持ちです。地蔵大仏尊さまにはさらに「二十八種利益《りやく》」もあり、多くの福徳をお持ちです。

つまり、地蔵大仏尊さまには「陰《いん》の産土」的な働きがあるのです。「神仏に対する認識が深まれば、神社仏閣の風景が変わり、加護も厚くなる」ものなのです。

21日間連続行と21回神社仏閣開運法で神仏に自分の本気度を示す

次に開運効果の高い神社仏閣開運法を紹介しましょう。「21日開運法」は、21日間連続して行う開運法です。21は「7×3」であり、このように開運法は7の倍数で行います。「21日行」が基本になります。

なぜ21なのかといいますと、21日続けることで、神仏に自分の本気度を示すことができるからです。私は21日間、鎮守神社に参拝することで、だんだん鎮守の大神さまと交流できるようになり、仲よくなりました。

また、**21回開運法は56日の間に21回行う開運法**です。この「回数開運法」は、毎日行うには無理がある場合に行います。目標（内容）に応じて、「21日行」と「21回行」を使い分けるとよいでしょう。応用バージョンとして、祈願する神社仏閣が遠方にある場合は**3カ月の間に7回参拝・祈願する方法**もあります。

また、自宅でできる開運法として、7の倍数（35、49など）で行うこともあります。これは、3カ月間開運法の連続行として行ってもよいでしょう。

まず、**「二十一日の神社参拝法」**を紹介します。**21日間連続して神社に参拝して、大神さまに祈願する**という方法です。昔から、お百度参りがありましたが、その流れをくむ方法になります。一般の神社で行ってもよいですが、産土神社や鎮守神社で行うとより効果があります。

この参拝法は開運法の中でもポピュラーなもので、**受験合格、就職内定、結婚、出産、病気快癒などの祈願**を21日間連続して行います。

江戸時代までは神仏習合でしたので、現在も神社に仏尊が隠れている場合がありま す。それで、神社であっても仏尊さま方のご開運をともに祈ります。産土神社（鎮守神社）での祈り方は巻末付録に載せていますが、祈り詞の意味を述べていきます。

「おかげさまで、ありがとうございます。私・□□□□（自分の名前）は、今日も参拝させていただきました。（最初の参拝の時は自分の名前、生年月日、生まれ十二支、住所を述べます）

宇宙の大いなる意志、大調和に基づく天命もちて、とってもありがたいわが産土の大神さま（鎮守の大神さま）をはじめ、○○神社の大神さま・仏尊さまの一霊四魂のいやますますのご開運をお祈り申し上げます。いつもご守護いただき、誠にありがとうございます。

私□□□□は開運吉祥《きっしょう》・和楽《わらく》繁栄の人生にしていきます。そのために、○○○を実現します。とってもありがたいわが産土の大神さま（鎮守の大神さま）をはじめ、○○神社の大神さま・仏尊さま、どうぞ大いなるご守護と後押しよろしくお願い申し上げます」

「宇宙の大いなる意志、大調和に基づく天命もちて」という言葉は、禊祓詞《みそぎはらへのことば》の「高《たか》天原《まのはら》に神《かむ》づまり坐《ま》す　神魯岐《かむろぎ》神魯美《かむろみ》の命《みこと》もちて」を参考につくりました。高天原の根本が「宇宙の大いなる意志」であり、「神魯岐・神魯美のご命令によって」という部分を「大調和に基づく天命もちて」としました。「宇宙の大いなる意志」という言葉は、「至誠、天に通ず」に登場する「天」の中で、〈最高にして究極の天〉であり、《宇宙最高次元の叡智》ともいうべき偉大な世界です。

なお、一般には高天原を「タカマガハラ」と読む場合もあります。しかし古神道の言霊学では「マガ」は禍事《まがごと》に通じるので、私はその表現は使わず、「タカマノハラ」を使用しています。また、「タカアマハラ」と読む場合もあります。

「宇宙の大いなる意志、大調和に基づく天命もちて」と冒頭で祈ることで、対象となる一霊四魂・神仏・霊人（守護霊さま、指導霊さま）・ご先祖さまたちが「宇宙の大いなる意志」を意識するようになります。神仏や人間も含め、一切の生きとし生けるものは「宇宙の大いなる意志」から発していることを認識し、大調和に向かうように促している祈り詞なのです。

また、弥益々《いやますます》とは弥栄《いやさか》などと同じように、益々を強調した言い方です。神社には参拝作法と祓い詞を書いた説明書がある場合がありますね。参拝はその神社の作法に従ってください。

その後で「先天《せんてん》の三種《みくさ》の大祓《おおはらへ》」（２４６ページ）を称えるとよいでしょう。「先天の三種の大祓」は古神道の最高神言であり、守護力アップ、前世・先祖のカルマ昇華、宿命・運命の改良、金運に有効です。

「十二支の大祓」は〈至極《しごく》の奥秘《おくひ》〉とされ、十二支は日輪（太陽）の運行にそって説明されます。「乾兌離震巽坎艮坤《けんだりしんそんかんごんこん》」を**「八方成就祓《はっぽうじょうじゅのはらへ》」**といいます。「ハライタマイキヨメデタマフ」は**「善言美詞祓《よごとみごとのはらへ》」**といい、「祓い給ひ」が外清浄《げしょうじょう》、「清めで給ふ」が内清浄《ないしょうじょう》になります。さまざまな祓い清めの神言になっているわけです。

　産土神社が遠くにある場合は、毎日参拝するには無理がありますから、3カ月間で21回参拝・祈願する方法もあります。産土神社が遠方の場合は、鎮守神社の21日連続参拝・祈願をします。

　総鎮守の場合は神社名の前に、「〇〇総鎮守」と社格をつけます。たとえば、神田神社の場合、「江戸総鎮守の神田神社の大神さま・仏尊さま」とします。その後は、産土神社と同じようなパターンで祈ります。

　これらの「21日行」では、神社に参拝しさえすれば〝自動的に〟開運できるわけではありません。神仏は縁をもって、そのチャンスを与えますが、それを活かすのは当然ながら人間自身です。ですから自ら積極的に行動を起こすことがとても大切です。

　受験や就職でも、本人の努力や行動を後押し（バックアップ）してくださいます。

開運法を始めたら、自ら行動を起こし、開運に持っていってください。

　時々、「神社仏閣に参拝したり、神仏にお祈りをするのは好きだが、開運するための行動はしない」という人がいます。自力（自助努力）に応じて、他力（守護と後押し）が発動します。神社に参拝してもあまり結果が出ない人は、行動が足りないのです。神社仏閣に参拝すれば開運するのではなく、「開運するために、神社仏閣にも参拝し、神仏へも祈る」という姿勢が大切です。

重要なことは、「人生には現実的な作戦が必要である」ということです。あまり成果が出ていない人は、成果が上がるように作戦を立てていないのです。問題の解決法を考え、創意工夫し、行動する人間に、神仏の〝追い風〟が吹きます。

諸国の一の宮・総社の7回参拝・祈願法

諸国一の宮は昔の国の最高位に位置する神社であり、その地域で生活したり、仕事をする場合は必ずごあいさつをしておくことが大切です。それがマナーであり、一の宮の大神さまのバックアップがあると、産土の大神や鎮守の大神も働きやすいのです。

一の宮や総社から特に福徳をいただきたい場合は、3カ月間で一の宮や総社に7回参拝して、祈願する方法もあります。もちろん、一の宮や総社が自宅の近くに鎮座している場合は21日連続参拝や21回参拝をすれば、より効果があります。ただし、一の宮や総社が遠方にある場合には無理をしないことです。一の宮や総社での祈り方は巻末付録にまとめて載せています。

自分や家族の産土神社・鎮守神社、地域の総鎮守、一の宮、総社は開運のために重要な神社です。たとえば、東京都に住んでいる人の場合は、武蔵国一の宮・氷川神社（さいたま市大宮区）、武蔵国一の宮・氷川女體《にょたい》神社（さいたま市緑区）、武蔵国総社・大国魂神社（東京都府中市）、江戸総鎮守・神田神社（千代田区）、南江戸総鎮守というべき日枝神社（千代田区永田町）の五社は折に触れて参拝するとよいでしょう。

自分の仏教宗旨の大本山・別格本山・別院、諸国国分寺・国分尼寺に7回参詣・祈願する

父方・母方の菩提寺も開運の基本になりますから、定期的に参詣した方がよいでしょう。お墓に参る人は多いですが、菩提寺にまでお参りする人は少ないです。

皆さんは、菩提寺のご本尊さま・仏尊さまはどなたか、ご存知ですか？　知らなければ、ご本尊さま・仏尊さまを調べて、ご開運を祈るとよいでしょう。

また、自分の仏教宗旨の総本山に参詣するのも有効ですが、総本山が遠方の場合、各地方には大本山や別格本山、別院がありますので、総本山の代わりに参詣するとよいでしょう。私は神道フーチ（神道式ダウジング）で、加護仏閣をリサーチしていますが、大本山や別格本山、別院が加護仏閣になっている場合が多いです。つまり、**大**

本山や別格本山、別院は人知れず、加護してくださっている場合もあるのです。実際、加護仏閣参詣のおかげで、就職できた人もいます。

特に**家族の問題解決を願う場合は、近い仏閣なら21日連続参詣法か、21回参詣法、やや遠い仏閣は3カ月に7回参詣・祈願をすると効果的**です。菩提寺や一般仏閣、総本山・大本山・別格本山・別院、国分寺（国分尼寺）での祈り方は、巻末付録に載せています。

自分や家族の悩み解決、健康長寿、養生《ようじょう》平安を祈ります。基本的にお寺の作法に従います。ご本尊さま・仏尊さま・仏尊配下の神々さまと、仏尊さま方の曼荼羅のご存在たちのご開運の祈り詞の後に、それぞれの宗旨の経文や「南無阿弥陀仏」や「南無妙法蓮華経」などの称名《しょうみょう》や題目を称《とな》えるとよいでしょう。または「光明真言」を称えます（83ページ参照）。

また、諸国の国分寺に参詣するのも効果があります。７４１年に、聖武天皇と光明皇后が国家鎮護のために、各国に建立した寺院が国分寺と国分尼寺《こくぶんにじ》です。奈良市の東大寺が「総国分寺」になります。同じ奈良市の法華寺は総国分尼寺になります。**東大寺と法華寺はぜひ参詣したい仏閣**です。

多くの国分寺・国分尼寺は長い年月の中で廃れてしまい、国分寺跡《あと》という遺跡になっていますが、現在でも国分寺（後継寺院）が残っているところもあります。国分寺

総国分寺・東大寺（奈良県奈良市）の大仏殿

のご本尊さまは薬師瑠璃光如来《やくしるりこう》さまが多く祀られています。

大国魂神社が鎮座する東京都府中市の隣に、国分寺市があります。ここには、武蔵国分寺があります。茨城県石岡市総社には、常陸国総社宮が鎮座しています。同じ石岡市府中には常陸国分寺があります。

長野県上田市国分《こくぶ》には、信濃国分寺があります。同じ上田市の常田《ときだ》には信濃国総社である科野大宮社《しなのおおみやしゃ》が鎮座しています。このように総社と国分寺・国分尼寺、一国一社の八幡宮は近い場所にある場合が多いので、セットでお参りするとよいでしょう。

第2章　自宅でできる秘伝開運法を徹底紹介します！

開運することは、自分がステージアップ（自己変革）すること

　この章では自宅でできる「21日・21回」秘伝開運法を紹介します。これを行うのは「内なる開運法が、外なる神社仏閣開運法の効果を増す」からです。神社仏閣開運法は、外の神仏から助けを受ける方法ですが、神社仏閣開運法の効果を高めるには内なる開運法が大切です。「内なる開運法」と「外なる開運法」が陰陽セットになります。**初日と満願の日（祈願の最終日）は、産土《うぶすな》神社か鎮守神社、総鎮守などで、21日・21回開運法を行うことを宣言し、大いなるご守護と後押しをお願いします。**ただし、さまざまな開運法は基本的に一つずつ行って、時間的・体力的に無理をしない方がよいでしょう。

　ところで、「今いる世界が汝《なんじ》の世界である」という格言があります。「類は友を呼ぶ」の引き寄せの法則によって、本人のレベルに応じた人間関係や環境になるという意味です。結婚でも、自分に相応した相手と結婚することになります。霊的視点でい

いますと、周囲の人々は〝あなたの現在のレベルを具体的に見せてくれている存在〟です。外に問題の原因を求めている限り、改善は遅くなります。

自分の人間関係や環境をよりよいものにしたいなら、自分自身のステージを高めることが近道です。環境は内的要因が80パーセント、外的要因が20パーセントだと考えて、自己信頼を育てます。「自己の成長・ステージアップ」を人生のテーマにするのです。

開運することとは、自分がステージアップすることとです。それが周囲に投影されます。動物は脱皮をして、自分とその環境を大きく変えます。人間は「心の脱皮」によって、自分の人生を大きく変える、すなわち、開運することができるのです。

人生は本人が抱いている「自己観・人間観」によって、形成されていきます。自己信頼は、幸せになる能力を高めるための「精神的源泉」となり、自己を信頼することが、ポジティブな「自己観・人間観」を育てます。

人間関係がうまくいっていない人は、実は「自分自身との関係性」がうまくいっていない人が多いのです。実際、私は開運カウンセリングで、よく人間関係の悩みの相談を受けますが、人間関係がうまくいっていない人ほど、自分をほめることがありません。むしろ自己否定をしています。

自分を否定していたら、相手と良好な人間関係を築くことはできません。まず「自己との関係性」を良好にする必要があります。そのための方法が「自己信頼開運法」なのです。自己信頼は「神・仏・先祖」との信頼感につながり、産土開運法の効果をアップさせます。自己信頼を育てることで、21日・21回開運法の効果を高め、開運吉祥・和楽繁栄の基盤になります。

自己信頼には6つの要素があります。

(1) 自分（自己存在）に敬意を持っている。
(2) 自分が大好きである。
(3) 自分を肯定的にとらえている。
(4) 自分を大切にしている。
(5) 常に自己の味方である。
(6) 自信がある。

開運し、幸せになるには、多くの人を味方にすることです。最初に味方にすべき人物は、「自己」です。私が開運カウンセリングをした人で、人生がうまくいっていない人、人間関係で悩んでいる人、金欠病の人の多くは自己信頼が育っていません。自分の人生を否定的にとらえていると、外部に投影されて、人間関係でもネガティブになりやすいのです。人生を否定的にとらえがちな人は、90ページで紹介する21日「過去の自己」を肯定する言霊行をするとよいでしょう。

自己信頼の「自分（自己存在）に敬意を持つ」ということは、開運和楽の人生になるために最も大切なことです。これは、人間は本来、「幸せになる価値と資格がある尊い存在である」という「人間観」からきています。

人間は内なる神性「一霊四魂《いちれいしこん》」を持つ存在であるということです。その一霊四魂を拝む秘伝行法が自神拝《じしんぱい》になります（第5章参照）。

自分に敬意を持つ人は、相手にも敬意を持つようになります。相手に敬意を持つと、人間関係が良好になります。皆さんも、自分に敬意を持っている人の方が好ましく思うのではないでしょうか？　自分に敬意を持つことは、味方を増やすことになります。

さらに、一切の生きとし生けるものに敬意を持つことが「うぶすな」思想になります。神仏に対しても敬意を持って、お付き合いをすることが加護をいただくコツです。

たまに、神仏のことを呼び捨てにする人がいます。たとえば、大国主大神さまをオオクニヌシと呼ぶ人がいます。あなたが、誰かから何かを頼まれる際、自分の名前を呼び捨てにする人と、敬語を使う人とでは、どちらの人をより助けてあげたいと思いますか？

また、スサノオノ尊さまをスサノオさんと、人間のように呼ぶ人がいます。神仏に大いなる守護と後押しをいただきたいのなら、神仏に敬意を持つことです。私は20年近く、神仏と直接的に交流していますが、神仏は尊敬するに値するすばらしいご存在であることを実感しています。神社仏閣に参拝して、おかげをいただくのは敬意を表すことであり、その敬意から発しているのが「神仏のご開運を祈る」ことです。「自分が敬意に値する存在である」からこそ、自分が好きになり、自分を大切にします。「自分を肯定的にとらえる」には、失敗（挫折）も含めて、「過去の自己」を肯定することが大切です。

自分自身を大切にするように意識すると、日常生活をより良くしようと思うようになります。具体的には「自分がした約束は守る。遅刻をしない」ことです。キャンセルや遅刻が多い人は、相手だけでなく自分自身を裏切っていることになります。「自分」を「お金、相手、仕事、神仏」に置き換えてみてください。お金が大好きで、お金を肯定的にとらえて、お金に敬意を持ち、大切にしてくれる人のところに、お金は集まるものです。約束や時間を守ることで信用が生まれ、金運もアップします。人間関係、仕事、神仏との関係も同様です。

自信は〝ある、ない〟ではなく、自己信頼を育てる言葉や自分をほめる言葉を発したり、小さな成功体験をすることで自信をつけていくものです。「あなたが欲するものを祝福せよ」という格言があります。「一霊四魂、人生、お金、成功」などを祝福することです。ご開運を祈ることは、祝福する言霊です。

自己を信頼するには「人相をよくし、経済的ゆとりを持ち、自分をほめ、自己と相手を尊重する」

自己信頼を育てるには、植物のように潤いや栄養を与える必要があります。生まれつき、心が強い人も、心が弱い人もあまりいません。心が強い人は自分をねぎらい、認め、励まし、ほめて、心に栄養を与えて、心を自分で強くしていっているのです。自分を「ご苦労さま」「お疲れさま」とねぎらい、「おかげさまで、ありがとうございます」と感謝し、「すばらしい」と自己をほめるのが効果的です。自分をねぎらい、ほめて、感謝して、心に栄養を与えていくうちに自分を好きになります。自分を愛し、信頼するようになってきます。

自己を信頼するには、「あるがままの自分」を好きになることがポイントです。「自分はスターだ」など虚栄心に根差した〝虚構の自分〟を好きになってはいけません。「自分はこの困難を乗り切ることができる」という自己信頼があれば、困難を乗り切ることができるのです。

○自分が望むものを祝福し、賛美する。自分が成功し、開運したいのなら、成功した人、開運している人を祝福しましょう。また、お金がほしいなら、お金を祝福・賛美することです。そうすると潜在意識が自分に、お金が手に入るような行動をとらせます。

○自分と相手の長所を見つけてほめる。人間は自分に対する評価、感謝やねぎらいの言葉や励ましを「心の栄養源」にします。開運する人は「自分と相手の長所を見つけて、ほめる」のが上手です。人間は自分を認めてほしい生き物ですから、意識的に「相手の長所」を見つけて、ほめると、味方が増えて、運命が確実に開いていきます。意識的に「相手の長所を見つけて、ほめる」ことを習慣にしていくことです。

　時々、「相手が自分の言うことを聞いてくれない」という人がいます。人間は相手によって、〝対応〟を変える生き物です。あなたはその人にとって、どんな存在ですか？　まずは相手から信頼される自己になることを目指しましょう。

　自己信頼が育つと、周囲から信頼されるようになります。「自己」をしっかり助ける人を神仏は助けたくなるものです。

　自己信頼を育てるには、「笑顔で、人相をよくする。貯蓄をして、経済的ゆとりを持つ。自分がした約束や時間を守る。自分をねぎらい、ほめる。自己を赦《ゆる》し、和解する。寛容の心で、自己と相手を尊重する。他者からも評価される技術を身につける」などを行うことです。

　自己信頼開運法は神仏からもお勧めの方法ですので、21日の言霊開運法として行うと効果的です。「自己信頼を育て、人生を祝福し、開運人生にする祈り詞」は巻末付録に載せています。

「アッハッハッハ」と笑うことは、ストレスや邪気を出す最大の方法

神仏が喜ぶ人間の感情は「陽気さ、うれしさ、楽しさ、おもしろさ、感謝」です。「笑いは神を招く」という言葉があります。神仏の加護を強く受けている人の傾向として、性格が陽気なことと感謝の心が挙げられます。そういう人は心が解放されているため、光の存在が守りやすいのです。

朗《ほが》らかで、感謝し、ほめる行為は心身を温める行為でもあり、自分の運を高める方法です。私は20年以上、鏡の前で、自分に向かってニッコリする「笑顔の行」を行っています。この「鏡の自分にニッコリ」は人相の改良法でもあり、皆さんに特にお勧めします。

また、心を解放するために、時には大きな声で笑うことです。**真剣に腹を抱えて笑う行法を「笑いの行」**といいます。笑いの行をすると、オーラが明るくなります。

21日間「笑いの行」では鏡の自分にニッコリして、1日3回腹を抱えて笑います。無理にでも笑っていると、だんだんおかしいと思えてきます。

成功者はよく笑います。「アッハッハッハ」と笑うことは、ストレスや邪気を出す最大の方法です。21日間「笑いの行」は、福を呼ぶ方法であり、自然治癒力を高める方法としてもすぐれています。

「人生の主導権は自分が握る！」と宣言することで、よりよい環境を創っていける

開運する人は「自分の人生の主導権」を常に自分が握っています。ですから「人生の主導権を握る」という中心軸を持つことが大切です。そして、相手の人生の主導権も尊重します。「私の人生の主導権は私が握る！」と宣言しましょう。自分の人生の主導権を握ることで、渦《うず》の中心になり、よりよい環境を創っていくことができます。

人生がうまくいかない人ほど、自分以外（親・家族、環境、職場の人間関係など）に原因を求める傾向があります。それでは、自分の人生の主導権を他者に渡しているのと同じです。自分のことは自分で選択し、決断し、それに責任を持つことです。

「責任を持つこと」と「責任を取ること」は違います。自分の言葉や行動に責任を持つと、〝無用な責任〟は取らなくてすみます。詐欺に遭う人は、「私はどうしたらよいのでしょうか」と相手に判断をゆだねている人が多いです。「人生に責任を持つ」と

腹をくくると、自分でしっかり考えるようになります。

「自主」とは、自分が主体的に考え動くことです。動物界では親といる時間は短く、親鳥はすぐに子どもに自立を促します。人間も「自主・自助・自立」が基本であり、親は子どもの自立を促していくことが大切です。「天は自ら助くる者を助く」であり、まず自分自身で自らを助けようと動く人を神仏は助けます。

人間関係でも、「相手をどうするか」ではなく、「自分をどうするか」を考えることです。開運することは、自分がレベルアップすることであり、自分の環境がステージアップすることでもあります。

神仏はその人の「生き方」に応じて守護を与え、人生に責任を持って行動する人ほど後押しをします。何かトラブルがあった時、「自分が悪い」「相手が悪い」と考えるのではなく、「何が原因なのか」「何をすれば解決できるか」「今、自分には何ができるか」と自問自答し、できるところから解決のための行動をすることが、問題の早期解決につながります。

自分に責任を持つことは、私たちの生活や人生に関わる政治にも責任を持つことになります。選挙に行くことは、自分の人生に責任を持つことでもあります。

自己責任とは「冬山に登山する、冒険の旅をする、悪い仲間と付き合う」など、危険なことがわかっているのに、あえて行う場合に使う言葉にした方がいいと思います。

社会の基本は「自助・互助・公助」です。まず自分で自分を助け、次にお互いに助け合う、さらに政府・自治体が助けるという三位一体が望ましい姿です。

開運するには、「上手にサポートを受ける」ことも大切です。うまくいかない人は、「人に迷惑をかけられない」と遠慮して、苦境から抜け出せなくなりがちです。

人生には山も谷もあります。自分が穴に落ち込んだら、すぐに助けを呼ぶことです。そして、誰かが穴に落ちたら、助けてあげましょう。これが互助です。

21日間「早朝4時起き祈願法」は自宅での祈願に最適

21日間「早朝4時起き祈願法」は早朝の4時に起きて、産土の守護曼荼羅《しゅごまんだら》（あなたを守護する多数のご存在たちが、身体の中の一霊四魂を中心にして、周囲に光り輝く球体の立体曼荼羅のように配置されているというイメージです）のご存在たちに祈願をする方法です。神仏と交流するには午前4時から5時までと、午後4時から5時までが交流しやすい時間帯だからです。

その時に神棚の方あるいは東の方を向いて、自分の願いごとを祈願します。私も空《くう》亡《ぼう》（十干《じっかん》と十二支を組み合わせた時にできる余りの二支のこと。空亡の年月が回ってくると、運気が下がることで、内在していた問題が表面化したり、トラブルが起きやすい）と厄年が重なった時、正月から21日間行いました。

寝過ごさないように気をつけないといけませんから、自ずと夜更かしやお酒を控えるようになります。この祈願法を行うと心が澄んできますが、21日間にとどめることです。心身に無理がなく、心がクリアになる21日間がベストです。

この後に紹介する「前世・先祖のカルマの昇華」「赦しと和解の開運法」「過去の自己を肯定する言霊行」「新たな誓い開運法」などに関しても、より効果をあげるには早朝祈願法は最適です。

早朝祈願法を行う時には早起きしますから、「日拝《にっぱい》」もいっしょに行うとよいでしょう（174ページ参照）。

21日間「前世・先祖のカルマ」昇華法

さて、21日間「前世・先祖のカルマを昇華する祈り詞・神言・真言」祈願法を紹介する前に、カルマについて述べておきましょう。

カルマは「行為」のことですが、**人間の想念や発する言葉もやはりカルマ**です。ポジティブなカルマのことを「徳」といい、ネガティブなカルマを「業《ごう》」といいますが、神道では「罪穢《けが》れ」ともいいます。

原因と結果の法則はカルマによって成り立っています。良き行いをすれば果報が来て、悪しき行いをすれば不幸が来るものです。悪しきカルマ（業）は宇宙の法則、天地自然の道理に反した行為、想い、言葉です。原因と結果の法則によって、クリーニングが起こります。

○カルマの清算…不幸やトラブル、病気、ケガなどの苦難によって、前世から今までの清算をする。

○カルマの昇華…前世・先祖のカルマ昇華法で、苦難によるカルマの清算を減らす。悪因縁は切るものではなく、昇華させるものです。悪因縁は現世で現れなくても、死後の世界や生まれ変わった来世で現れることもあります。

最も悪しきカルマ（業）は戦争です。戦争ほど悲惨で、罪深いものはありません。戦争は国民を大量殺人者にして、殺人被害者を生み出し、環境の破壊者にします。人間の「心の地獄」を顕在化するのが戦争であり、人間が現世に地獄をつくる行為が戦争です。平和こそ最優先されるべきです。

次に悪しきカルマ（業）は、「神仏に対するご無礼・罪」です。人間は自分たちのタマシイの祖《おや》である神仏に対して、聖地・神殿・祭祀場《さいしじょう》、神像・仏像などの破壊、神社仏閣の焼き討ち、神仏の変容（人間の我欲による無理やりの祈り込みなどで、本来の神仏の姿が異常な姿に変質し、神力や仏力が低下してしまうこと）など、多くのご無礼・罪を積み重ねてきました。

戦国時代も、戦争と神社仏閣の焼き討ちがセットで行われていました。カルマは「動機」が最も重要です。何の目的で行うかという動機によって、カルマの質が変わります。

人類の歴史を見ると、戦争、略奪、謀略、肉親間での争いなど計り知れないほど多くのカルマがあります。現世のあなたが、「自分は悪いことはしていない」と思っても、自分の前世で、あるいは自分の先祖がさまざまな罪や神仏に対するご無礼をおかしていることが多いのです。

生命を活かす行為が「徳」であり、生命を滅する行為が「業」です。徳を積めば、自分の死後の世界や来世もよき環境に生まれます。徳を積めば、一族・子孫にも余徳を与えることができるので、とても〝得〟なのです。

産土開運法を行い、私の前世・先祖のカルマの昇華講座や金運アップ講座などを受講してきたOさんの体験談をご紹介しましょう。

「義父がバブルの時期に買ったビルが、バブルとともにハジけて、多額の借金を負っていたのですが、そのビルの売却が決まりました。主人の会社は運送業を営み、多額の借金を返し続けていたのですが、今年になって、2億円が相場のビルが、なんと4億円で売れたのです！

再開発が見込まれる場所にそのビルが建っていたことが幸いして、ある太っ腹な社長さんが『このビルがいい』とピンポイントで指名してくれたのです。消費税の増税分も大本の会社が持ってくれることになる等、こちらに有利な条件での売却が決まり、本当にうれしく思います」

神社仏閣の破壊が一族を没落させる

次に、神仏へのご無礼・罪（カルマ）と一族の衰退の関係性について、具体的な例を挙げておきましょう。源平時代、平氏は戦いを有利にするため、奈良の都を焼き討ちします。その際、風にあおられて、奈良の寺社の多くが消失してしまいました。その後、平氏本家は源氏に滅ぼされることになります。

風林火山で有名な武田信玄も埼玉県秩父の神社仏閣を焼き払います。信玄の行為を、地元の人たちは「信玄焼き」といって、とても憤《いきどお》ります。源氏の名門・武田家は次の勝頼《かつより》の時代に亡《ほろ》んでしまいます。

織田信長は比叡山《ひえいざん》の焼き討ちから、残虐性が強くなりました。長島の一向一揆（安土桃山時代、伊勢［三重県］長島一帯の浄土真宗教徒が蜂起した大規模な反乱で、信長に鎮圧され、信長は美濃、尾張、伊勢3国の本願寺教団を屈服させた）などで数万人を虐殺しています。最後は明智光秀に謀反を起こされ、長男ともども殺されます。その悪名を轟《とどろ》かせました。

松永久秀《まつながひさひで》は１５６７年10月10日、東大寺の大仏殿を焼き討ちし、その悪名を轟かせ

ました。その後、久秀は信長に反旗をひるがえし、奈良県の大和信貴山城《しぎさんじょう》に立てこもります。１５７７年10月10日に信長軍の総攻撃を受けて、自ら城に火を放ち、火薬で爆死します。10年前の大仏殿焼失と同じ、10月10日だったため、その報いを受けたと噂されました。

豊臣秀吉は弟の秀長に大和郡山《こおりやま》に城を築かせます。石垣をつくるのに、春日大社をはじめ、多くの寺社から石を持ち出しました。石垣の中には石地蔵も入っていました。その後、秀長は急死します。弟の死後、秀吉は暴走を始め、２回の朝鮮出兵をした後、徳川氏から豊臣家は滅ぼされます。

明治時代の初期には、神社・仏閣の分離令が出たのをきっかけに、全国的に廃仏毀釈《はいぶつきしゃく》へと暴走していきました。鹿児島県では寺院が１０００寺ほど壊され、同時に多くの仏像も壊され、捨てられました。大きな神社のそばにあった神宮寺の多くも破壊されたのです。

明治39年から神社の統廃合が行われ、それまで18万社くらいあったのを3年間で14万7０００社に減らされました。多くの鎮守の森も伐採されました。統廃合の後、それを行った地域で土砂崩れや洪水、人心の荒廃が起きました。

人間は戦争に向かう時、神仏へのご無礼もするものです。日本でも、明治時代に廃仏毀釈や神社の統廃合で、神仏への大いなる罪を犯しました。そして、日清戦争、日露戦争、日中戦争、アジア太平洋戦争へと突き進みました。最後は悲惨な敗戦になりました。

自分の前世あるいは先祖が拝んでいた仏像を壊したり、神社仏閣を焼き討ちにしたりした場合、行為そのものも重大ですが、仏像をバラバラにしたり、焼き払ったりする人間の殺伐とした心が、神仏は悲しいのです。

前世や先祖の〝神仏へのご無礼〟をお詫びし、結び直しをしていくことがカルマ昇華につながっていきます。悪しきカルマ（業）を昇華するために最も重要なことは「心からのお詫び・謝罪」をすることです。したがって、**ご先祖さまにもあなたを媒体としていっしょにお詫びしていただきます**。「ご先祖さまといっしょ」という気持ちでお祈りしてください。謝罪から改善がスタートします。

神仏と人間の結び直しが、強運・金運の基礎になります。心からのお詫びがあることで、「赦しと和解」につながります。さらに、「新たな誓い開運法」を行うのがよいのです（参考・『7つの誓いで運命を変える前世開運法』学研パブリッシング）。

この「前世・先祖のカルマの昇華の祈り」をすることで、神仏と人間のムスビ直しになり、信頼回復になります。文章の意味を噛みしめながら、自分に言い聞かせるような気持ちで祈ってください。

〔前世・先祖と一切の生きとし生けるものに対するカルマのお詫び〕

まず自分の生年月日・十二支を宣言してから、始めます。

「おかげさまで、ありがとうございます。宇宙の大いなる意志、大調和に基づく天命もちて、とってもありがたいわれとわが家族の産土《うぶすな》の守護曼荼羅《しゅごまんだら》のご存在たち、わが家《や》に縁《えにし》あるご本尊さま・仏尊《ぶっそん》さま・仏尊配下の神々さま・ご存在たちの一霊四魂のいやますますのご開運をお祈り申し上げます。ただ今より、前世・一族・先祖、縁あるすべてのミタマたちがおかしたご無礼・罪をお詫びさせていただきます。家族・一族を代表して、心よりお詫び申し上げます。六道《りくどう》にいますすべての先祖・ミタマともども深くお詫び申し上げます（※平伏します）。まず、カルマのお詫びを受けていただきますことを深く感謝申し上げます（※平伏します）。よろしくお願い申し上げます。

われとわが家族・一族の『前世の自己』全員、われとわが一族に縁あるすべての先祖、家運隆盛と衰退に関わるすべてのミタマたちがたいへんなご無礼・罪をおかした産土の守護曼荼羅のご存在たち、わが家に縁あるご本尊さま・仏尊さま・仏尊配下の神々さま、縁《えにし》あるすべての神仏・ご存在たち、一切の生きとし生けるものを育んでくださっている神々さま・仏尊さま・ご存在たちに対して、心よりお詫び申し上げます（※平伏します）。誠に真に申し訳ございませんでした。

神社仏閣の焼き討ちや廃仏毀釈《きしゃく》、世界中の神殿・祭祀遺跡の破壊、すべての神仏に対する罪、天津罪《あまつつみ》、国津罪《くにつつみ》、一切の生きとし生けるものに対するここだく（「たくさんの」という意味）の罪をおかしましたことを深く、深くお詫び申し上げます。誠に真に申し訳ございませんでした（※平伏します）。

大自然の破壊、動植物の種の絶滅、大地や海の汚染により、世界中の棲み処《か》を奪った精霊界・異界のご存在たちに対して、心よりお詫び申し上げます。誠に真に申し訳ございませんでした。お赦《ゆる》し賜わりたく、心よりお願い申し上げます（※平伏します）。今後、二度とこのようなご無礼・罪をおかさないようにいたします。私は大自然を愛し、天地自然の道理の根本である『原因と結果の法則』を念頭において、わが一霊四魂と『神・仏・先祖』を尊び、地球の調和・美しい大自然・人類の平和のために、役に立つ人間になっていくことで、お詫びの証しとさせていただきます。私は、一切の生きとし生けるものに敬意を持ちます。

宇宙の大いなる意志、大調和に基づく天命もちて、とってもありがたい一切の生きとし生けるもののいやますますのご開運をお祈り申し上げます。本日は、前世・先祖のカルマのお詫びを受けていただきましたことを深く感謝申し上げます。誠にありが

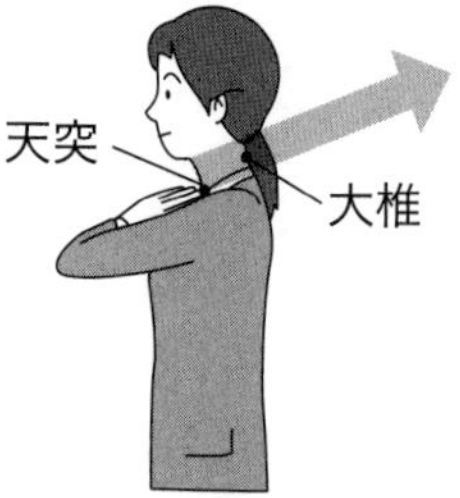

前世・先祖のカルマとトラウマを清める

とうございました。これにて終了させていただきます」

※天地自然の道理については第4章で解説します。

ここから、神言・真言を称《とな》えて、前世・一族・先祖のカルマ（業）を昇華していきます。

「とってもありがたいわれとわが家族の産土の守護曼荼羅のご存在たち、守り給《たま》へ幸《さきは》へ給へ（3回）。とってもありがたいわが家《や》に連なるご本尊さま・仏尊さま・仏尊配下の神々さま、恵み給《たま》へ　助け給へ（3回）

◇とってもありがたい先天《せんてん》の三種《みくさ》の大祓《おおはらへ》を称《とな》えて、前世・一族・先祖のカルマを清め、昇華させていただきます

　トホカミヱミタメ　甲《きのえ》　乙《きのと》　丙《ひのえ》　丁《ひのと》　戊《つちのえ》　己《つちのと》　庚《かのえ》　辛《かのと》　壬《みずのえ》　癸《みずのと》　祓《はら》ひ給《たま》ひ　清目《きよめ》出給《でたま》ふ

　トホカミヱミタメ　子《ね》　丑《うし》　寅《とら》　卯《う》　辰《たつ》　巳《み》　午《うま》　未《ひつじ》　申《さる》　酉《とり》　戌《いぬ》　亥《い》　祓ひ給ひ　清め出給ふ

　トホカミヱミタメ　乾《けん》　兌《だ》　離《り》　震《しん》　巽《そん》　坎《かん》　艮《ごん》　坤《こん》　祓ひ給ひ　清め出給ふ

◇とってもありがたいカルマ昇華の真言を称えさせていただきます
ナム　ニケンダ　ナム　アジャハタ　ソワカ　ナム　アジャラ　ソワカ　インケイ
イケイ　ソワカ」（3回以上）

カルマ昇華の真言を称える時だけは、合掌した手の指先を自分のノドの天突《てんとつ》に向けます。**ノドにはカルマがたまるから**です。ほかの真言・神言は合掌の手は前方へ向けます。

「とってもありがたい光明真言を称えさせていただきます
オン　アボキャ　ベイロシャノウ　マカボダラ　マニハンドマ　ジンバラ　ハラバ
リタ　ヤ　ウン」

光明真言はすべての仏尊、仏尊の神々に有効な真言ですから、ご本尊さま・仏尊・仏尊配下の神々さまたちにミタマたちの救済とカルマの昇華をお願いします。

「とってもありがたい地蔵大仏尊《じぞうだいぶっそん》さまの真言を称えさせていただきます
オン　カカカ　ビサンマエイ　ソワカ（3回）」

六道《りくどう》（人間がその霊的なレベルに応じて赴く仏教の霊界観で、「地獄道・餓鬼道・畜生道・修羅道・人間道・天道」で構成されるが、実際の大霊界はもっと多層・多様になっている）の救済仏である地蔵大仏尊さまに、産土の守護曼荼羅のご存在たちやご本尊さま・仏尊さま・仏尊の神々さまとともに、ご先祖さま・ミタマたちの救済をお願いします。

前世で信仰していた神社と同じ系統が今世の産土神社や鎮守神社になることも

産土の守護曼荼羅のご存在たちは前世・先祖とも縁が深いので、実は私たちは産土の守護曼荼羅のご存在たちに対し、多くのご無礼を働いているのです。自分が生まれた仏教宗旨も、前世と縁がある場合が多いので、前世・先祖のカルマの昇華のために、ご本尊さま・仏尊さま・仏尊配下の神々さまも動いてくださっています。

ここにも、先祖と関係が深い父方・母方の菩提寺や総本山、大本山、別院などへの積極的な参詣の意義があるのです。たとえば、私の母方は柴田家です。私の先祖は織田信長公の家老である柴田勝家の一族であり、山田家はその家臣筋になります。

織田軍団は比叡山焼き討ちや一向一揆の大弾圧を行いました。私の父方・母方ともに浄土真宗ですが、一向宗とは浄土真宗のことであり、まさに自分の宗旨の阿弥陀如来さまや二十五菩薩さまにご無礼をしてしまったわけです。このように、守護とカルマは表裏一体なのです。

そこで、まず産土の守護曼荼羅のご存在たち、わが家に連なるご本尊さま・仏尊さま・仏尊配下の神々さまに、お詫びをします。人間の心よりのお詫びを受けて、自分と家族・一族の産土の守護曼荼羅のご存在たち、わが家に連なるご本尊さま・仏尊さま・仏尊配下の神々さまに、カルマ昇華のために世界中の神仏・ご存在たちへのお詫びに飛び回っていただくことで、カルマが昇華されていくのです。ここに、「うぶすな」のありがたさがあります。

私は前世セッションの中で、産土の神仏のお名前を明らかにしていますが、産土の神仏は前世と深い関係があることがわかっています。ただし、**産土の大神さまは産土神社の主祭神とは限りません**。たとえば、私の産土神社の主祭神はヒコホホデミノ尊さまですが、私の産土の大神さまは八坂神社系のタケハヤスサノオノ尊さまです。実は、私は京都で生きた前世があるのです。

京都には総本宮の八坂神社が鎮座しています。そして、現在の鎮守神社の摂社のご祭神にもタケハヤスサノオノ尊さまがおられるのです。

Yさんの体験談をご紹介してみましょう。

「山田先生から、豊かに幸せにしていく方法をいろいろな方面から教えていただきました。その一つの産土神社・鎮守神社を知り、早速参拝した折には懐かしく温かい安心感に包まれました。

学びが進み、前世セッションの時、私の鎮守の大神さまは大綿津見大神《おおわだつみのおおかみ》さまと教えていただきました。山田先生は微笑みながら、『実は前世でもこちらの大綿津見大神さまが鎮守の大神さまとして守護してくださっていたんですよ』と話されました。

私の今世の夫は宮城の漁村出身ですし、前世では私たち夫婦は宮城県の金華山《きんかざん》で学ぶ同志だったそうです。神仏の守護システムはなんと壮大でありがたいことでしょうか。生まれ変わっても再度守護してくださるご縁を知らずにいただけているのです」

人間にとって数百年は長いですが、神さまにとっては最近のことなのです。

人間関係で悩んでいる場合、「赦しと和解の祈り詞」を称え、転居・転職するとよい

神社仏閣開運法を行い、すぐに効果が出る人もいますが、一方でなかなか「おかげ」をもらえない人がいます。これは本人の心にブレーキがかかっている場合があるからです。

アクセルを踏んでも、ハンドブレーキがかかっていてはなかなか前に進みません。

開運カウンセリングをしていますと、何本もハンドブレーキがかかっている人がいます。そこで、私はそのコンプレックス（心のわだかまり）やトラウマ（心的外傷）という「心のブレーキ」を解除する方法を編み出しました。

たとえば、２０００万円を消費者金融で借りたとします。カルマとはその借金（結果）で、コンプレックスやトラウマとはそんな借金をしてしまう〝心の情動〟です。前世・先祖のカルマの昇華は借金を減らし、借金返済を楽にすることです。しかし、借金をしてしまう本人の心のありようは、自ら気づき・反省・学び、改良していくしかありません。

私は前世リーディングをしていて、人間の不幸やトラブルの原因に「前世からの罪を自ら罰して、贖《あがな》う」という無意識の情動があることがわかりました。**人生がなかなか開かない場合には、無意識の「自己贖い」パターンを、「赦しと和解の祈り詞」で解除する必要があります。**

ある男性は、浪費グセがある妻が何度も借金をして、貯金を使い果たしても、離婚しませんでした。その男性の前世リーディングをしますと、〝前世の彼女（今世の妻）〟にとても迷惑をかけていました。それで、今世では迷惑をかけられても、無意識に我慢していたのです。

相談者の中には、カルト宗教にはまってしまい、多額のお金を巻き上げられた人や、悪徳占い師の話を信じて、大変な目にあった人たちがいます。その人たちの前世をリーディングしますと、本人がある前世で宗教団体をつくり、不当にお金儲けをしていたり、悪徳占い団体に加担して、一般人を苦しめていたのです。そこで、今世で無意識のうちに、自らの前世の罪の贖いをしていたわけです。

職場でのパワハラも同様です。重要なことは、結婚も、職場も、宗教も、自分が選んでいることです。すぐに離婚することもできるし、転職してもいい。宗教団体をすぐに脱退してもいいのに、辛抱して続ける人がいます。これが「自己贖い」のパターンに多いのです。

人間関係で悩んでいる場合、「赦しと和解の祈り詞」を称えると同時に「相手から離れて、環境を変える」ことができる転居・転職は、解決法として効果があります。

Kさんの体験談を紹介します。

「『赦しと和解の祈り詞』の開運法を続けているうちに、前世の自己から現世までの長い時間にわたり修復していただいているように思えてきました。お祈りが神仏さまにより通じやすくなったこと、自己免疫力・自己治癒力が強化された感じで体調がよくなったこと、時間が有効に使えるようになって、物事がスムーズに進められるようになり、好転している感じがします。家族・仕事にもよい影響が表れていて、とても感謝しております。

義理の息子の転職活動で、大手3社から内定をいただき、当の本人もその幸運に驚いていました。年収も残業なしで約1・5倍ぐらいになるようです。本人の仕事に対する明確な目標があり、産土神社・鎮守神社・菩提寺・お墓参りなど、自ら進んで行動した結果、おかげさまもいただけたのだと思います」

それでは「赦しと和解の祈り詞」をご紹介します。21日間連続して称えるととても効果があります。

〔赦《ゆる》しと和解の祈り詞《ことば》〕

「私は○○○○（名前）・生年月日・　　年（十二支）生まれです。

おかげさまで、ありがとうございます。宇宙の大いなる意志、大調和に基づく天命もちて、とってもありがたいわが人生のいやますますのご開運をお祈り申し上げます。

私○○○○はすべての前世から今までの『私のネガティブな想いや行為』を心からお詫びいたします。真に誠に申し訳ございませんでした。人生にブレーキをかけている『すべての自己』を赦します。私○○○○は私のすべてを赦します、赦します。私○○○○はすべての前世から今までの自己と、和解《いっく》します。和解します。私は『子どもの自己』をなぐさめ、感謝し、慈しみ、和解します。

私○○○○はすべての前世から今までに出会った『ネガティブな人々』や出来事を

すべて赦します。赦します、赦します、赦します。私〇〇〇はすべての前世から今までに出会った人々や出来事と、和解します。和解します、和解します、和解します。私は過去を赦し、『過去の自己』と和解し、明るい未来を創っていきます！　私はすべてを赦し、自己と和解し、わが一霊四魂とともに開運吉祥・和楽繁栄の道を歩みます！」

この祈り詞は「感謝→お詫び→赦し→和解」の循環構造になっています。繰り返しの言葉は目を軽く閉じて、うなずくように称えます。

〔21日「過去の自己」を肯定し、明るい未来を創る言霊行〕

「おかげさまで、ありがとうございます。私〇〇〇は『私のすべて』を赦します！　私は『すべての自己』と和解します。私はすべてを赦します。私はすべてと和解します。私〇〇〇は失敗も含め、すべての『過去の自己』を肯定します。私〇〇〇は過去を赦し、『過去の自己』と和解し、あるがままに受け入れ、明るい未来を創っていきます！　すばらしい！」

この行を21日「赦しと和解の開運法」の後に、続けて行ってもよいでしょう。過去にあまりにこだわると、明るく輝かしい未来を創る力が出てきません。過去を赦し、和解し、過去に執着しないことで、明るい未来を創っていくことができます。

神仏は本人の願いをそのまま聞くのではなく、その人の人生全般が開運するよう働く

長年、開運カウンセリングをしていますと、**「人生には『失敗（挫折）の顔をした幸運』がある」**ことを実感します。たとえば、第一志望の大学に不合格になり、あまり入学する気がなかった大学に入学したところ、そこがかえって自分に相性がよく、教授や友人に恵まれ、資格もとり、社会人になって大成したという話があります。

自分が結婚したかった異性とはうまくいかず、その後に出会った相手とはピッタリの相性で、幸福な結婚生活を送っている人もいます。初期の事業の失敗を教訓にして、大きな企業にして成功者になった人も多いです。

逆に、**「幸運の顔をした不運」**もあります。宝くじに当たったことで、浪費グセがつき、借金人生になり、家族離散する人もいます。起業して安易に成功したことで、慢心し、後で倒産する人もいます。ポイントをまとめてみます。

（１）過去を認め、過去を教訓にして、長期的な視点で人生を考える。過去の失敗を

認め、教訓にすることは、「過去の自己」と調和することです。「あの失敗があったから、現在がある」と認識できるようにします。

（2）自分の人生に責任を持ち、他者（家族、職場、社会）のせいにしない。失敗や挫折を他者のせいにしていますと、〝失敗の顔をした幸運〟になりません。単なる失敗になります。

（3）自分の一霊四魂、「内なる自己」と向き合う。努力して、21日開運法を行っても、自分の希望通りの学校や就職先に行けなかった場合、〝失敗（挫折）の顔をした幸運〟であるケースがあります。

神仏は本人の願いをそのまま聞くのではなく、その人の人生全般で、開運するような動きをします。本人の希望通りに進むと、人生にとって開運にならない場合、神仏は「本人の一霊四魂の願い」を聞いて、肉体人間の希望は後押ししません。「内なる自己」と対話をしてみましょう（第5章参照）。

自分の失敗を教訓にすることで失敗が活き、成功・開運につながる

人生、山あれば谷ありです。Mさんの体験談をご紹介しましょう。

「私は営業職で、自分でも努力していたのですが、自分の営業能力では目標を達成で

きませんでした。それが産土開運法を始めてから、変わり始めました。力のある取引先が自分の担当に入ってきたり、それまで全然取引がなかったところが、急にこちらが卸《おろ》している商材を取り扱い始めました。

特に貢献してくれたある会社の社長が、実は山田先生のカウンセリングを受け、産土神社・鎮守神社をリサーチしてもらい、熱心に通っていたことが後でわかり、驚きました。1年たったら、『前例がない』と上司や同僚が驚くような売上になる取引先が続出しました。

その後、取引先のオーナーでもある人に誘われ、倍近い給料を提示されて転職したものの、新しい職場に移ると当初の事業が消滅していました。その上、勤務条件を変えられたり、給料を20代の初任給並みに下げられたりという危機的状況に陥ってしまいました。しかし、その状況を何よりマズイと思ったのは、その大変な状態を喜び、修行としてとらえている自分に気づいた時でした。

山田先生のカウンセリングで、その的確なアドバイスとあたたかい励ましに勇気づけられ、オーナーと袂《たもと》を分かつ決断をしました。そして、以前の会社のトップが教えを受けた方（私も非常に尊敬していた方です）に声をかけられ、そちらの役員に就任することになりました。

雇用条件も、私の動きは自主性に任せるということで、ノルマなし、出社義務なしという信じられないものでした。今は、以前から本当にやりたいと思っていたことを仕事にし、自主裁量のもと楽しく仕事をさせていただいています。

また、講座の翌日にお会いしたお客さまは加賀国一の宮・白山比咩《しらやまひめ》神社のそばに住んでいるという方でした。ほぼ毎日お参りされていると聞き、あっという間に2000万円の商談がまとまり、驚きました」


Mさんの職場の鎮守神社のご祭神にククリヒメノ大神さまがおられたのですが、その総本宮が石川県白山《はくさん》市に鎮座する加賀国一の宮・白山比咩神社です。「神仏は縁をもって開運する」の典型的パターンですね。

最初の転職はうまくいかなかったのですが、Mさんは私に「その転職があったから、今の会社に就職できました」と話してくれました。このように、人生には「失敗（挫折）の顔をした幸運」があるのです。Mさんの体験談の続きです。

「山田先生のおっしゃっていた悪いカルマを受けにくくするコツの中に、『最高の良き言霊を使う。悪しき言葉を祓《はら》う』とありましたが、私自身、よき言霊によって作られる、よき言語宇宙に、福徳のエネルギーが流れ込むことで開運が現実のものとなる、ということが少しずつわかるようになりました。意識して福徳をいただき、その後、現実的な言霊をきちんと宣言して行動すると、現実化のスピードが想像をはるかに超

加賀国一の宮・白山比咩神社（石川県白山市）

えて速くなるという体験をさせていただくことが多いです」

「失敗も含めて自分の過去をすべて肯定できる人は全体の3パーセントであり、過去をすべて否定している人が3パーセント、残りの人は肯定・否定が混在している」という話を聞いたことがあります。自分の過去を肯定できる割合が高い人ほど、自己信頼度が高いのです。そして、「過去の自己」と和解すれば、幸福感が増し、自分が人生の主導権を握れます。

幕末の神道家・黒住宗忠は「海あれば山もありつる世の中に　せまき心をもつな人々」と詠みました。宗忠の言う通り、いろいろあるのが人生です。

自分の失敗を肯定するとは、失敗を教訓にしていくことです。教訓にすることで失敗が活き、成功・開運につながります。「失敗はしてもよい。しかし、同じ失敗を繰り返すな」というユダヤ人の格言があります。過去を否定する人ほど、同じ失敗を繰り返します。自分や相手を否定的にとらえる人は、「過去の自己」と和解していないのです。

90ページの「過去の自己を肯定する言霊」を唱えて、自己肯定感を増やしましょう。自分の過去には、前世も含まれます。自分の「過去の90パーセント以上」は肯定できるように、「過去の自己を肯定する言霊」を唱えるとよいのです。

前世で「清貧に生きていく」と誓っていると、現世で開運や成功にブレーキをかけられてしまう

自己と周囲を赦し、一切の生きとし生けるものと和解することで、自己を味方にします。そうすることで、願望実現力や開運能力が高まります。

「赦しと和解の祈り詞」（89ページ）を称えた後に、「新たな誓い前世開運法」を行うと、より効果的です。前世リーディングをしていますと、少なからぬ人たちが前世でさまざまな誓いを立てていることがわかります。

たとえば、「神仏に仕えるので、清貧で生きます。富とは縁を切ります」などと誓願しますと、ちゃんと自分の潜在意識が、貧乏な人生にしてくれます（第4章参照）。

たとえ成功して富を得ても、結局は手放してしまいます。

実は霊能者の中には、前世で「霊能力を得るために、結婚や幸せな家庭生活はいりません。家族との縁を切り、神仏に仕えます」と誓っている場合もあるのです。霊能者や超能力者が必ずしも幸せな人生でないのは、何かを犠牲にする〝引き換え誓願〟を立てていることがあるからです。

また、「前世の自己」は自分の潜在能力の源泉でもあります。**「前世の自己」からのポジティブな影響をたくさん受け、ネガティブな影響を減らすことが開運につながります。**「前世の自己」のご開運は「心の平安」と「運気アップ」にとても有効です。「神仏の契り」を解除して、現世で金運アップするための「新たな誓い前世開運法」を紹介しましょう。

〔21日「金運・財運アップ」のための私の新たな誓い〕

名前と生年月日・生まれ十二支を唱えてから、誓います。

「おかげさまで、ありがとうございます。宇宙の大いなる意志、大調和に基づく天命もちて、とってもありがたいわが一霊四魂とわが『前世の自己』全員のいやますますのご開運をお祈り申し上げます。

とってもありがたいわが一霊四魂とわが心（胸にきき手を当てる）、とってもありがたいわが『前世の自己』全員の皆さま、私〇〇〇〇（自分の名前）は前世から今までの『お金』に関する、現世の開運にブレーキをかけている『神仏との契《ちぎ》り・誓願《せいがん》』は無しにします！（右手で、袈裟懸《けさが》けに交差させて、祓《はら》うように大きく×《バツ》の形にします）

私〇〇〇〇は前世から今までの『お金・財産』に関するネガティブな認知や想い、誓いは無しにします！（右手で、袈裟懸けに交差させて、祓《はら》うように大きく×の形にします）

とってもありがたいわが『前世の自己』全員の皆さま、私〇〇〇〇は今から、お金と良好な関係を築き、精神的にも経済的にも豊かな人生になります！　私は本気です！　私〇〇〇〇はお金を祝福し、お金に敬意を持ち、お金を管理し、お金をたくさん受け取ります！　私はお金が大好きです！　私はお金と仲良しです！　わが家にお金がどんどん集まります！

とってもありがたいわが一霊四魂とわが心、私〇〇〇〇はわが『前世の自己』全員と調和し、前世から今までの認知や想い、誓いを超えて、豊かな人生にステージアップするために、積極的に金運・財運アップしていきます！　これが私〇〇〇〇の新たな誓いです！」

年　月　日
自分の名前

私が開運カウンセリングをしていて、「自分の願望が実現できない」という相談を受けて思うのは、「本人が内心では、自分は変わりたくない（現状維持を望んでいる）のではないか」ということです。たとえば、「お金がない」と嘆きながら、好きなことにはお金を使い、貯金はしようとしない人がいます。

現状維持を望みながら、開運し、願望を実現させるのでは自己矛盾です。というよりも、「自分は現状でよい」という〝内心の意思〟がしっかり実現しているのです。

要するに、「人間が日頃思っていることはほとんど実現している。ポイントはどの願いごとを特に実現させるか」ということです。開運法を行っても成果が出ない場合、自分のホンネを問う必要があります。神仏に何か願望を伝えた後、「私は自己をステージアップさせます。私は本気です！」と宣言しましょう。

第3章　お金の性質を知り、金運・財運アップのコツを伝授します！

自分をお金が貯まる「金運体質」にする

この章では、精神的豊かさと物質的豊かさを両方満たすという「清富《せいふ》」になる方法を紹介します。日本人には昔から、「清貧」という考えがあります。「富を求めず、貧しくても正しい行いをしている」という意味です。しかし、それでは豊かにはなれません。

1万円札自体はただの紙です。ところが、人間が「これは1万円だ」と決めると、価値が出るのです。いわば「信用」ですから、恐慌が起きたり、国家財政が破綻したりすると、お金に対する信用がなくなって、お札や国債がただの紙切れ同然になります。お金はある意味、「人間の想念が物質化したもの」です。お金を物質ととらえるのではなく、〝スピリチュアルな生き物〟としてとらえて、どう付き合うかを考えた方がいいのです。

お金は自分をかわいがる人にはなつきますし、お金を軽蔑すると、お金は自分を軽蔑する人のところにいる必要はないので、サッサと出ていきます。お金にはそういう特性があるのです。

お金は「豊かさ意識」に比例します。お金は人間の心や想念によって作られたものですから、富はその人の「心の中」にあります。心の中の富が、宇宙の豊かさと感応します。まず、自分の〝心（潜在意識）の内〟に富を作ることが大切です。「心の富」、すなわち豊かさ意識がしっかりと動き出すと、目に見えるお金も動き出します。

金運はあるとかないとかではなく、金運は〝つけていくもの〟です。**「わが家にどんどんお金が集まってきます」という言霊《ことだま》を口グセにしましょう。**自分をお金が貯まる体質にすればよいのです。

人生は習慣です。習慣の集合体が人間です。金欠病とはいわば、お金の生活習慣病です。お金に好かれる生活習慣をしていけば、お金の病も癒すことができます。

20代の私は経済的豊かさよりも、精神性の向上を優先していました。そのため、お金の面はギリギリの生活でした。結婚し、子どもが二人生まれて、「いまのままではジリ貧だ」と思い、30代になって、「精神的にも経済的にも豊かになる！」と決意し、自己に宣言しました。毎年の貯蓄・年収・年商を紙に書いて、見るようにしました。また、貯蓄専用通帳をつくり、毎月貯金しました。

その結果、50歳過ぎまで、貯蓄残高と年収・年商が上がり続け、年収・年商が下がることはありませんでした。50代半ばで、いつリタイアしてもよいだけの貯蓄・資産を持つことができました。さらに、貯蓄が増えていくことで、自己評価が高まり、自己信頼が増しました。確実な貯蓄は「自信をつけていく方法」でもあるのです。

Mさんの金運アップの体験談をご紹介しましょう。

「これまで山田先生のもとで、開運思考を学ばせていただいたことは、自分にとって一生の財産になっております。まほろば研究会（注・筆者主宰の学習会）に来て、約10年以上経過しましたが、来た当時を振り返りますと『精神的にも経済的にもずいぶん開運させていただいたなあ』と実感しております。

先日、おかげさまで私はあるベンチャー企業の取締役に就任させていただきました。これは個人的能力よりも、その企業に対し一番お金を出資したことによる貢献からです。なぜそんな話をするかといいますと、私は山田先生のところに来た頃、そのような金額が出せる状況ではなかったからです。当時は父の会社が経営危機ののち廃業し、父の死後、私が会社を受け継いだところでした。

しかしながら、山田先生の各種講座に参加してきたことで、今ではおかげさまで自分の得意分野で成功し、月100万円以上貯蓄ができる月収とセミリタイアができる資産を形成することができました」

神社仏閣で、神仏に金運・財運アップを祈願する人は多いですが、神仏の福徳・金運・財運をいただくには、その「受け皿」が必要です。毎月貯蓄をしていないと、金運アップの福徳が〝ザル状態〟になり、しっかり受け取れないのです。

神社仏閣で金運アップを祈願しながら、貯金はしていないという人がいます。それでは、本気で金運アップを願っていないことになります。**祈願するからには毎月貯蓄をして、神仏に本気度を示す必要があるのです**。

金運・財運アップの神言・真言を称える場合も、毎月「貯蓄専用通帳」に貯蓄することで効果があがります。そうすることにより、お金と仲よくなり、お金がお金を呼び、結果的に収入が増えてきます。

「親から多額のお年玉をもらった」「思いがけず親戚の遺産の一部をもらった」「親族が自分のために預金していた」「忘れていた保険金の還付があった」など予想外のお金が入ることもあります。

「本当は離婚したいのだけど、自分でお金を稼げないので、いやいやながら結婚生活を続けています」という相談を受けることもあります。お金がないと、人生の主導権をお金に握られ、さまざまな分野でお金から支配されることになります。

まずは、自分がお金の主人になることです。お金があれば人生の主導権を握りやすいのです。お金のためにやりたくない仕事をやらされるのは、お金に支配されているということです。十分な資産・貯金があれば、働いても働かなくても、どちらでもいいのです。私自身、無理に働く必要はないのですが、仕事が好きなので続けています。つまり、選択権は自分にあるわけです。

お金はその価値を正当に評価し、認めてくれる人のところに寄ってくる

私は10数年前に、**「宇宙は人間に豊かさを与えています。人間は本来、豊かになるようになっています」**という神さまのメッセージを受けました。宇宙の豊かさを受け取る秘訣は、「自分の心に豊かさ意識を持つこと」と、実際に「貯蓄すること」です。物心《ぶっしん》の二つは分けられるものではありません。「心の豊かさ」と「経済的な豊かさ」は対立するものではなく、両立させ、陰陽調和させることが当然できるものなのです。

宇宙の豊かさとは、玄気世界に「豊かさ領域」があるということです。長年の研究で、目に見えない玄気世界（渾沌《こんとん》）に、人間の願望に深く関わる「願望実現領域」と「豊かさ領域」があることがわかってきました。老子は「隠れた陰の創造力」を「玄《げん》牝《ぴん》」といいました。玄気世界にある「豊かさ領域」を、「玄空《げんくう》の蔵《くら》」といいます。

神仏が与えてくれる金運・財運は、ある意味「豊かさ領域」の一部を人間に分け与えてくれているといっても間違いではありません。したがって、自分の心の「豊かさ

意識」を、玄気世界にある「豊かさ領域」に感応・共鳴させることです。その上で、神仏からの金運・財運もいただけばいいのです。

Ｉさんの仕事に関する体験談をご紹介しましょう。

「山田先生のご指導や開名により、人生に対する考え方が変わり、それに伴って諸々の運もよくなってきました。大好きな仕事をしているだけでも幸せなことですが、役職も上がり、年収はここ2年間で15パーセント以上増加しました。

精神的にも経済的にも豊かで、朗らかな人たちとの人脈が生まれています。この人脈がさらなる金脈を生むよう真摯に、かつ喜びと笑顔をもって働き、宇宙の豊かさをたっぷりしっかり受け取らせていただきたい、と思っています。本当におかげさまで、ありがとうございます」

開名とは「開運吉祥《きっしょう》・和楽繁栄になるための改名」のことです。産土《うぶすな》開運法と開名をセットで行うと、開運の相乗効果になります。巻末付録に宇宙の豊かさを受け取るための「金運アップの言霊」を載せています（255ページ参照）。

「あなたが欲するものを祝福せよ」という格言があります。**お金がほしいのなら、お金を祝福すること**です。お金は自分の価値を正当に評価し、認めてくれる人のところに寄ってきます。経済的自由を得ると、さまざまな自由を得ることができます。

○お金とは、生き甲斐の創造の仲介・媒体の役割を果たしてくれるものです。「生き甲斐のある人生を送るために、お金が必要なのだ」と、高く評価することです。
○お金は世の中の潤滑油です。現代はお金で解決することもたくさんあります。開運カウンセリングでの相談事も、だいたいお金がからんでいます。家庭内問題と離婚の原因の70パーセントは、金銭問題といっても過言ではありません。逆にいえば、経済的に豊かになると、問題が減ります。
○選択の自由を得られます。買い物、食事、不動産、結婚、進学などすべてにお金はついて回ります。何事かを選択する際に、お金のために選択が限られてしまうことがなくなります。
○職業の自由を得られます。「自分の好きな仕事をしたいのだけれど、経済的に今の仕事をせざるを得ないのです」と言う人もよくいます。お金にゆとりがあれば、好きな仕事を選べます。
○健康的で便利で快適な生活ができます。働く形態なども自分で決めることができます。お金があれば、衣食住が快適になります。
○精神的なゆとりが持てます。お金から自由になることが、〝精神と時間の自由〟にもつながります。そのためにはしっかり貯蓄して、〝お金にゆとりがある〟ことが大切です。
○人間関係の自由を得られます。お金にゆとりがあれば、自分の気に入った人と付き合い、いやな人とは無理に付き合わなくですみます。

○健康・防災・防犯にお金をかけられます。豊かな先進国の国民が、途上国の国民よりも平均寿命が長いことはデータが実証しています。お金持ちの方が貧乏な人よりも健康な人が多いのです。良質な医療を受けられたり、健康増進のために時間とお金をかけることができるからです。世界中の地震の被害を見ても、地震の規模は同じ程度でも、途上国の方が被害の規模が大きいものです。経済的基盤によって、人的被害に大きな差が出ているのが現実です。

○精神的・経済的にゆとりがあると、余裕を持って社会に貢献できます。開運とは、ゆとりを持って周りに分かち合えることです。

　このように考えますと、お金のありがたさがよくわかります。ですから開運し、豊かな人生を歩みたいのなら、貧乏を正当化するのをやめて、豊かになることに意識を集中することです。

　ただし、お金にも陰陽があります。拝金主義になり、自分や家庭を壊す人がいるのも事実です。それを防ぐためには、お金に対して謙虚で、一種の〝畏《おそ》れ〟を持つことです。大金持ちから転落している人をよく観察すると、お金をモノ扱いして、粗末にしている人がほとんどです。

日頃から、巻末付録のお金を祝福する「金運アップの言霊」を唱えるとよいでしょう。

山田流「金運の法則」では、貯蓄さえすれば、節約をする必要はない

お金がほしいと思うのは人情です。しかし、多くの人は〝お金を使うこと〟が好きなのです。金運に好かれる人は、「お金を貯めること」が好きなのです。

恋人でたとえますと、デートをしたら、長くいっしょにいたいですよね。デートをして、すぐに別れたら、「私のことを好きではないのね」と思います。

お金も同様で、自分と長くいっしょにいたい（貯蓄する）人が好きなのです。経済的豊かさとは、貯蓄・資産を増やして、金銭的にゆとりを持った生活を送ることです。

ここで、自分の人生の主導権を握るための山田流「金運哲学」を説明しましょう。

○「お金・時間」を生命ととらえて、大切にします。**お金を生命ととらえますと、お金から好かれる付き合い方がわかってきます**。人間には寿命がありますから、時間は生命だと言えますよね。

○「毎月貯蓄し、金運をつける」と決意し、宣言するのです。これが金運をつける第一歩です。

多くの人が「開運したいな」とは思っていても、「必ず開運する！」とは思っていません。**「必ず開運する。ますます豊かになる」と強く思っている人が、開運し、豊かになっていくのです。**

ホンネのエネルギーが金運を呼びます。開運するには、開運するように意識的に生きることです。本当はお金がほしいのに、「お金なんて」とか、「人生、お金だけではない」と言う人に限って、〝執着〟があります。人生はお金だけではないとわかっている人は、そんな当たり前のことは言いません。

○貯蓄・資産を最優先にして、目標を文字に書きましょう。金運・財運とは貯蓄・資産が増えることです。年収が高くても、貯蓄が少ないのでは金運があるとはいいません。貯蓄・資産さえあれば、年収は少なくてもかまわないのです。

重要なことは、必ず「貯蓄専用通帳」をつくり、毎月数万円は貯金することです。毎月貯蓄することで、「天」に自分の本気度を示しましょう。

○生活用通帳と貯蓄専用通帳をつくり、生活費関係は一つの通帳に集約しましょう。支出の全体が把握できます。分散すると支出の多さが実感できません。貯蓄専用通帳は別にして、なるべく引き出しにくくしておきます。

基本的考え方として、**「収入－貯蓄＝支出」**というパターンにします。貯まらないパターンは、「収入－支出＝貯蓄」です。収入から支出を引いて、余った分を貯金しようとするパターンです。

臨時収入とかボーナスは、プラスアルファとして考えるようにします。

○働くことで最優先すべきは「貯蓄・資産を増やす」ことです。「働き甲斐」を優先すると、豊かになりにくいのです。（1）貯蓄・資産を増やす、（2）年収を増やす、（3）年商を増やす、（4）働き甲斐を感じる、という優先順位にしましょう。最終的に（1）～（4）をすべて満たすようにします。

○人生の主導権を握ることです。お金を否定的にとらえている人は、お金に主導権を握られます。「お金がないので、劣悪な環境に住み、十分な教育・医療を受けられない」「経済的理由で離婚できない」などです。「お金の力で、相手を支配しようとする人たち」もいますから、他者に自分が支配されないためにも十分な貯蓄が必要です。

○お金が喜ぶような「有意義な支出」を心がけます。お金は楽しいところ、自分を有意義に使ってくれる人のところに集まります。お金は人生を楽しむ使い方とともに、自分のレベルアップや〝徳積み〟のために使うとよいでしょう。大自然・地球人類の平和のために使うと、天の倉《くら》という徳が貯まります。天の倉とは〝無形の財産（余徳）〟といっていいでしょう。

「貯蓄するには、節約しないといけない」と考える人が多いのですが、山田流「金運の法則」では、貯蓄さえすれば、節約をする必要はありません。金運持ちとは大金持ちになることではなくて、お金に困らない、お金に不自由しない人です。

節約とは減らすことであり、節約思考では、豊かさ意識が育ちません。確実に毎月貯蓄すれば、節約は必要ありません。

私は20代の時、節約して貯金しようとしましたが、豊かにはなれませんでした。確実に貯蓄をしますと、お金との関係が良好になり、不思議と収入が増えていくのです。

豊かさ意識がありますと、「貯蓄」と「収入」は増えていくものです。年収が増える場合もありますが、臨時収入による場合もあります。

金運アップにはまず、**「貯蓄専用通帳」**を持つことから始めます。そして、**「貯蓄・資産の具体的な目標を書いたシート」**をつくります。この二つが、自力と他力を組み合わせた山田流「金運の法則」を活用する必須アイテムです。

貯蓄とは「ダム」に水を貯めるようにすることです。ダムに水が貯まらないうちに放水（散財）をしますと、いつまでたってもダムに水は貯まりません。渇水（借金）になる恐れもあります。

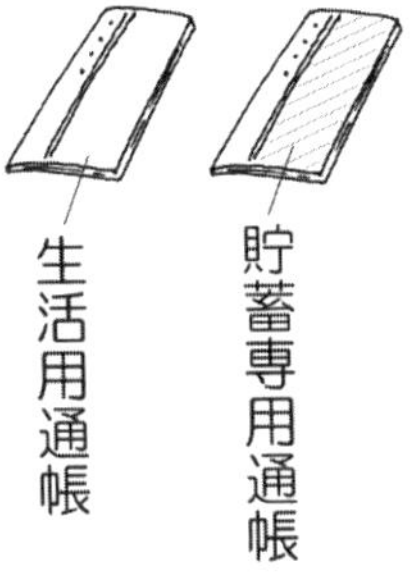

よく「金は天下の回りもの」といいます。そう思うと、出たり入ったりして貯まりません。また、「お金はまず出すことで、入ってくる」という説もありますが、それは富豪になってからの話です（笑）。

まずは、ひたすらダムにいっぱい水を貯めることです。

ダムが満水になったら、時々、放水（社会へ還元）します。毎月の貯蓄をすることと「散財しないこと」がポイントです。

金運・財運アップには目標の実現を宣言し、本気で行動する

開運する人は、自分の願望や目標、問題点などを〝書き出す〟ことができる人です。もちろん書いただけでは成功できませんが、書かないことには始まりません。

具体的に書けるかが、成功し金運アップするために一番重要なことです。つまり、目標を書くことは開運し、成功するための技術なのです。

人生や仕事のプランを文章に書ける能力を身につけると、他の能力も上がるのです。具体的な行動プランの明確化ができるようになれば、全体的な仕事の能力もアップするということです。

まず、「いつまでに○万円貯蓄する」という目標を紙に書きましょう。小さな目標でも常に書くクセをつける、これも成功するための習慣です。

貯蓄専用通帳を持ち、お金の目標を具体的に書くようにします。そして、目標金額とタイムリミットを設定します。「1年、3年、10年の目標」を書きます。自分の希望金額を明記した上で、署名・捺印をします。

（記入例）○○年までの目標

○○年までに○○万円貯金する！
毎月○○万円貯金する
給料から毎月○万円天引きする
○○年までに係長に昇進する
○○年まで住宅ローンを○○万円繰り上げ返済する
□□の資格試験に合格する！

※自分の名前の下に生年月日・干支を記入するとより効果が上がります。

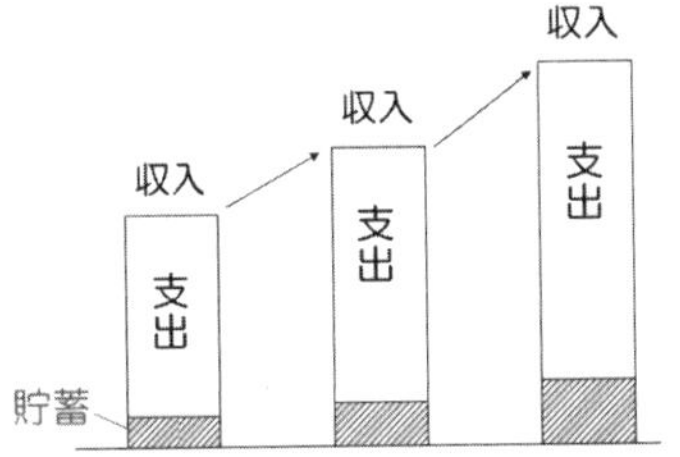

豊かさ意識で、「貯蓄」と「収入」を増やしていく。

私は30代から具体的な目標を紙に書いて、額に飾って、時々宣言していました。紙に目標を書くことは、目標実現にとても効果がありました。

金運・財運アップするには目標の実現を決意し、宣言し、覚悟を決め、本気で行動することです。まず自分の産土の守護曼荼羅《まんだら》のご存在たちや神社仏閣の神仏に目標シートを見せて、「決意の宣言」を行います。

その上で、神仏に願望が実現するための自分の作戦を説明し、大いなるご守護と後押しをお願いするとよいのです。

「決意の言霊」は巻末付録に載せています。

お金を「儲ける技術」と「貯める技術」は違います。お金をいっぱい稼げても、稼いだ以上に出てしまったら何にもなりません。芸能人やスポーツ選手の中には、お金をいっぱい稼いでいるのに借金で苦しんでいる人も少なからずいます。お金を稼ぐ能力と、お金を貯めたり運用したりする能力とは別物なのです。

ではお金を貯められる人と、借金だらけになる人とでは、どこが違うのでしょうか。

（陽）お金を儲ける、稼ぐ。年収・年商。

（陰）お金をしっかり受け取る。貯蓄・資産。意識的に受け取る能力を高めることです。

大金持ちになる人は、前世でお金儲けをした経験があるのです。霊的な面でいうと、誰でも大金持ちになれるわけではありません。しかし、お金をしっかり受け取る能力を高めることで、〝小金持ち・中金持ち〟になることはできます。

毎月貯金した方が、時々たくさん貯金するよりも貯まります。金額よりも、お金を貯める習慣をつけることが大切です。毎月1万円以上、無理のない金額を貯めていきましょう。そして、貯蓄する度に、「今月も〇万円貯金した。えらい！　すばらしい！」と自分をほめます。

１カ月に一度は必ず通帳を観る習慣をつけます。**通帳を「観る」習慣がお金を引き寄せ、資産を形成していきます**。貯蓄専用通帳をつくっても、そこからお金を引き出す人がたまにいます。それでは貯蓄専用通帳とは言えません。よほどの緊急事態でない限り、お金を出さないことです。

そして、住宅ローン以外の借金はしないことです。貯蓄よりもローン返済の金利の方が圧倒的に高いので、貯蓄で金利の高いところを探すよりは、ローンを返した方がプラスになります。

他人の保証人にはならないようにします。自分の家族はやむを得ませんが、親族でもやめた方がいいでしょう。原則として、他人にお金は貸さないことです。他人にお金を貸す時は、戻ってこないという覚悟で貸すことです。

お金が貯まる体質になると、貯まるペースがどんどん早くなる

貯蓄は「小を積み上げて、大となす」が基本です。目標設定を区切りながら、「わんこそばの法則」を使うとよいでしょう。わんこそばは、おわんが小さいのでたくさん食べられます。中には、１００杯とか２００杯とか食べる人もいます。普通のどん

ぶりに換算したら、20杯くらいにはなるでしょう。

どんぶりだと、とても20杯は食べられませんが、わんこそばだったら食べられます。少ない目標を一つひとつ成し遂げていくところに達成感があるからです。

小さな達成感が貯金を増やす秘訣です。まずは無理のない金額で貯金をしましょう。毎月毎月、「わんこそば！」と思って貯金していきます(笑)。3年、10年たつと大きな金額になります。わんこそばの反対が「一攫千金《いっかく》」です。一攫千金をねらうと、だいたい残りません。

また、金運の法則の一つを紹介すると、**楽しいところにお金が集まるから、お金を貯めたり、儲かるのが「楽しい」という感覚が大事です。**

目標を区切り、達成できた時、自分にごほうびをあげます。まず、50万円貯まったら、自分にごほうびをあげます。豪華な食事をするとか、旅行するとか、自分や家族にごほうびをあげて、自分をしっかりほめてあげます。

そして、自分で目標を区切りながらやっていきます。「〇万円貯金した。よくやった。すばらしい！」と自分をほめながら、貯金していきましょう。

ところで、貯蓄は放物線状ではなくて、階段状に上がります。まず、コツコツと貯めます。この時にはあまり変化がありません。階段のステップにいる時には、努力していてもなかなか変化が感じられません。

ここが辛抱のしどころです。その後、急にポンと上がって、次のステップにいきます。

目標は１００万円から始め、３００万円、次は５００万円、そして１０００万円という大台に乗せます。３０００万円が臨界点であり、臨界点に達した時に、お金が貯まる習慣ができるのです。

３０００万円貯める頃にはお金との上手な付き合い方がわかるようになり、「お金がお金を増やす」現象が起きているでしょう。

お金が貯まる体質になると、コツコツやる期間が短く（階段の幅が小さく）なって、貯まるのが早くなります。するとラクになります。

そして、ある時期になると資産は加速度的に殖えるという「金運の法則」があります。自転車の原理で、最初の行動を起こすにはエネルギーが必要ですが、その後は流れに乗るようにすれば、たいしてエネルギーはいらないのです。

成功への「はずみ」が働くようになり、「流れに乗っていると感じる」状態になります。開運し豊かになる人たちは、頻繁にこの状態になる人たちです。

ここで、「金運の法則」を活用したＩさん（女性）の体験談をご紹介しましょう。

「山田先生の講座で、『収入－貯蓄＝支出』が基本だと、〝貯蓄用通帳での貯蓄〟の方法を教えていただきました。共働きの環境と私の性格からも、手元にあると使ってし

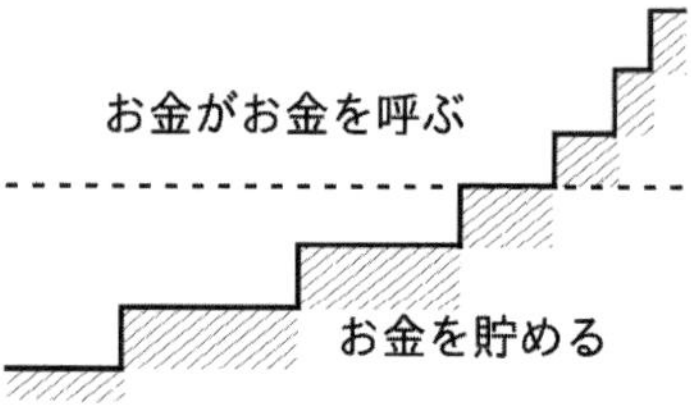

変化がない時期が続いて、ある時にポンと上がる。臨界点まで達するとお金がお金を呼ぶようになる。

まうので、実践しています。
当初、毎月の貯蓄額をいくらにするか考え、基本給が前年度よりも上がったので、その上がった分の金額で始めました。その際に翌年からも、もし上がったら、またその分も貯蓄していこうと決めていました。するとそれ以来、ありがたいことに毎年昇給しており、今では基本給の半額以上を貯蓄するまでになりました！
始める時は、生活が苦しくなるかとも思いましたが、やってみると不思議なことにどうにかなっています。また、何より『今年も貯蓄額を増やせた』という喜び、そして通帳の金額という数字で表れる成果で、仕事への自信にもつながっています」

私は「毎月1万円貯金しても、1年で12万円にしかならないので、あまり意味がないのでは？」という質問をされることもあります。それはお金の特性がわかっていないのです。毎月貯金することは、「自分とお金との関係性を良好にしていく」のに必要不可欠なのです。

「今月、〇万円貯金した。すばらしい！　やればできるじゃないか。えらい。りっぱだ。グッドだ。私はお金が大好きです。お金はすばらしい！　あっぱれだ」と自分とお金をほめまくりましょう（笑）。

お金から好かれますと、お金がお金を呼び、実は年収や臨時収入も増えていくものです。天引きよりも、毎月銀行に行って貯金する方が、金運アップの効果があります。

金運アップには自分を励まし、なぐさめ、ほめることです。自分をしっかりほめている人は内面からの賞賛があるので自立しています。無理やり他人からの賞賛を欲する必要がないのです。相手に対しても、ほめ言葉が自然に出てきます。自分と相手とお金を楽しく、笑顔でほめましょう。

ちなみに、「あっぱれ」という言葉は、「天晴《あっぱ》れ」と書きます。天照大神さまが高天原《たかまのはら》でのスサノオノ尊さまの大暴れに怒り、天の岩戸に身を隠しましたが、アメノウズメノ命さまが舞い、タヂカラオノ神さまが岩戸を開けて、天照大神さまが岩戸から出られました。その際、世の中が明るくなったので、神々が「天晴れだ」と喜んだことに由来します。

この「あっぱれだ」は神仏が喜ぶ言霊でもあります。

こういう人はお金から嫌われる！

お金に縁のない人は、お金を管理できていない人が多いです。「管理するほどのお金がない」という人がいますが、「お金の管理をするから、十分なお金が持てる」のです。自分の人生の主導権を握るには、お金を管理して、確実に貯蓄することです。

まずは自分の資産と借金を把握します。貯金だけでなく、不動産やいろいろなものを含めて、資産として考えましょう。

金額に関係なく、今持っているお金の管理をすぐに開始しましょう。現在持っているお金・資産をうまく扱えることを〝天〟に対して示す必要があります。

「貯蓄専用通帳」はお金の管理の面からも有効です。ビジネス界ではマネジメント（経営管理）という認識がありますが、人間にとっての最重要な〝本人の人生〟をマネジメントしている人はわずかです。

金運の技術を身につけ、人生を自己経営（セルフマネジメント）できる人が開運し、「豊かな人生を味わう」ことができるのです。最重要なのは、「お金」と「時間」のマネジメントです。

実はお金にルーズな人は時間にもルーズであり、他人との約束もあまり守らない傾向があります。「時は金なり」とよくいわれますが、時間にルーズな人はお金があまり貯まりません。逆にいいますと、お金を管理して、毎月貯蓄していくことは、人生をコントロールする能力をつけていくのに役立ちます。

お金が貯まらない人は、心の中に相反する考えが存在しているのです。「お金が欲しい」「金持ちになれたらいいな」という思いとともに、「人生はお金だけじゃない」「お金は汚いもの」などと考えて、お金のない自分を正当化しようとします。

「自分は正しいことをしているのに、うまくいかない。世の中は間違っている」と言う人がいます。不運な人は、自分が正しいことを証明したがります。

「ほかの人たちが悪いから、自分が不幸せになる」「周りがこうだから失敗した」と、不幸や失敗を正当化します。**ネガティブな言霊をいつも発していると、本当にそうなります。うまくいかないことの理由づけ（言い訳）が上手なうちは、開運しません。**

お金はその人本来の性格を助長します。お金をたくさん手にすると遊びまくる人は、もともと遊びたいのです。お金を持ったことで、行動が拡大されるだけです。

お金から嫌われる人の特徴を列挙してみましょう。

○時間にルーズな人や約束を守らない人
○人の成功をうらやんだり、妬《ねた》む人、物事を悲観的にとらえる人

そういう人にはお金が寄り付きません。また、愚痴は不幸・不運を招く効果的な呪

文です。愚痴を言いたくなったら、逆に「私はお金が大好きです！」と言いましょう。

○「ええ格好しい」をする人

「武士は食わねど高楊枝」をしている間は、お金は貯まりません。

○借金をしている人

借金をしている人は、「お金が主人、人間が従者」になります。金運を高めようという人は、借金はしないことです。

誰でもクレジットカードを持ち、現金がなくても欲しいものが買える時代になりました。消費者金融もそうですが、お金をカンタンに貸してくれるところほど危ないのです。借金さえなかったら、なんとかなります。住宅ローン以外の借金はしないと決めましょう。

では、お金に好かれる人はどんな人でしょうか。

○お金の価値を高く評価し、認める人

お金は、天命や生き甲斐の創造の仲介、媒体の役割を果たしてくれるものです。

○お金を大切にする人、楽しんでお金を貯める人

お金は人間が楽しんでいるところに集まる性格があります。〝快〟の場に集まるわけで、「いやだ」「苦しい」と思っていると、集まってきません。**お金を稼ぐことや貯蓄が楽しいという感覚が大事**です。お金は楽しんで貯めましょう。

◯「自分はツイている、自分は強運だ」と思っている人

お金持ちになった人の全員がホンネの部分でそう考えています。ですから「強運だ」と自分に言って聞かせることです。**楽天的ポジティブ思考は、願望実現のチャクラ（霊的エネルギー系中枢器官）であるアナハタチャクラ**（心臓のチャクラとされ、願望実現力や念力、ヒーリング力をつかさどる）**を活性化させます。**

◯「生き金」としてお金を使う人

お金には「生き金」と「死に金」があります。お金を有意義なことに使う「生き金」にしてください。それがお金を喜ばせるコツです。お金は、生き金として使ってほしいのです。「死に金」の一つはギャンブルです。

お金が集まる財布の選び方、扱い方

財布や通帳は大切に扱います。財布にお札を無造作に入れず、金額の大きい順に並べます。同じ向きになるように天地左右、裏表をきれいにそろえ、はみ出したり、折り曲げたりしないようにします。このようにして、**大切に扱うという気持ちが金運を呼ぶ**のです。

お札が乱雑な財布は、お金の出が早いものです。整理された財布はムダな出費を防

いでくれます。折り畳み式の財布より、長財布の方がお勧めです。

金運の高まる財布の色は、〝黄金〟に近い色です。茶色や黄色、明るいオレンジ色などがよいでしょう。黒はお金が貯まりにくいです。

時々、領収書やポイントカードなどで財布がパンパンにふくらんでいる人がいますが、中身はいつもスッキリさせておきましょう。**お金は財布の中を整理している人、お金を大切にする人のところに寄ってきます**。

家で財布を置く時は、黄金や黄色などお金を連想させる〝財布用座布団（ベッド）〟などに置きます。財布にご鎮座していただくわけです。テーブルの上などにポンと置いたり、バッグに入れっぱなしはよろしくありません。

たまに男性で、お尻のポケットに財布を入れて歩いている人を見ます。金運を下げるだけでなく、盗難の危険もありますのでやめた方がいいでしょう。

第４章　開運シンクロニシティと天地の法則で、幸運を引き寄せる

産土開運法で「人脈の質が上がる。上の縁が増え、下の縁が減る」

一見、偶然に起きたと思えることが、人生に大きな影響を与えることがあります。旅行先でたまたま隣に座った異性と話がはずみ、３カ月後に結婚したという話があります。このケースでは私が前世リーディングをしますと、相手と前世での縁があり、お互いが〝引き寄せられる〟ように出会っていました。

逆に、たまたま通りがかった道で交通事故にあったり、ストーカー事件に巻き込まれて、人生が暗転する人もいます。

ユング心理学に「シンクロニシティ（意味ある偶然、共時性）」という概念がありますシンクロニシティには５種類あり、下記の③～⑤が開運シンクロニシティです。

①日常生活で起きる偶然……自分の想念が起こしている場合が多い。

②不運が重なる偶然……「泣きっ面に蜂」「２度あることは３度ある」などの言葉が

あるように、悪いことが重なることがあります。自分の宿命・運命や、前世・一族・先祖のカルマ、ネガティブな思考が不運を呼び込みます。
③幸運を引き寄せる偶然……積極的な行動（自力）に産土《うぶすな》の守護曼荼羅《まんだら》のご存在たちの後押しが加わります。
④事前に難を逃れる偶然……産土の守護曼荼羅のご存在たちが起こしています。
⑤人生を大きく開く偶然……人生を大きく開くチャンスは、自分が行ってきたことがその時代の大きな流行に乗った場合や、「貴人」が介在して起きることが多いです（「貴人」についてはのちほど述べますが、「この人と出会ったことで、自分の人生が大きく開いた」と思える人を指します）。

産土開運法は「人脈の質が上がる。上《じょう》の縁が増え、下《げ》の縁が減る」「タイミングがよくなる」という特長があります。仕事での交渉事でも、タイミングが大切ですよね。自分が「こういう情報がほしいな」と思った時に、不思議とその情報が手に入ったり、「こういう人と会いたいな」と思っていると、偶然その人に会えるということが起きます。図書館や本屋に行った時に、ふっと目に入った本の中に、欲しかった情報が出ているとか、会った人からその情報を教えてもらうという形でシンクロニシティは起きます。

その人が「私は必ず〜する！」と強く意志を発する時に、願望をかなえるような人物に会えたり、そういう状況や環境が不思議と集まります。

たとえば、私が30代前半のサラリーマン時代、住宅ローンで家を買いました。貯金は頭金で使い果たし、引っ越し費用もあって、ほとんど貯金はゼロに近い状態でした。

その頃、ある先生に師事して東洋運命学の勉強を始めたいと強く思っていました。費用は一括払いで50万円かかります。

お金がないのでどうしたものかと思っていたところ、私の母から、「引っ越してお金がかかったろうから、お金を送るから」と連絡がありました。驚いたのですが、送ってきたお金がぴったり50万円だったのです。

引っ越したのが7月で、8月からその50万円で勉強を始められたのです。「これは神仏のご加護だ。お金が必要な時に集まるという形になるのだな」と思ったものです。

ここで、産土開運法をはじめ、さまざまな開運法を行い、ラッキーな偶然が続いたIさんの金運アップ体験談をご紹介しましょう。

「なんとミニロトで、一等に当選しました。35年以上にも及ぶ私の宝くじ人生（？）の中でも、1000万円を超える高額当選は初めてでした。仕事運が上昇しただけでも、喜びの毎日だったのですが、さらなるありがたいパワーを頂戴し、心より感謝申し上げます。その後もまた、ミニロトで1300万円が当たりました。

数年前、鎮守さま21日間参拝を正月から始め、講座を受講したら、九州の銀行から直接、『セミナーを開いてほしい』という依頼がきました。まれなケースに驚きました。そして、私の名前の格数には、ワースト5の凶数が3つもあって、これは開名（※）するしかないと思い、今度は姓名学の講座を早速申し込みました。すると、関東の銀行からセミナーの依頼をいただきびっくりしました。また、この週には水曜、金曜と立て続けにナンバーズ3で10万円ずつ当たり、とっても驚きました」

※開名とは「開運吉祥・和楽繁栄になるため」に改名することです。

神社仏閣開運法をしていますと、「急病になって、駆け込んだ病院に、その病気の専門の名医がいた」「たまたま検査を受けたら、初期のガンが見つかり、すぐに手術をして、事なきを得た」などの体験談もあります。この絶妙なタイミングこそが開運シンクロニシティです。

次に、兵庫県のある女性の開運体験談を紹介しましょう。

「山田先生とご縁をいただいて、もう12年以上になります。何事にもすぐ飽きてしまう私が、こんなに長く続けてこられたのは、ひとえに山田先生のお人柄ゆえのことです。二人の子どもたちは高校卒業後、英国の大学から大学院に進学しました。入学から進級、そして就職と毎年ひやひやの綱渡りでしたが、その都度神仏にお願いをして、なんとか無事に切り抜けることができました。

私の長い間の懸案事項は、京都の実家の整理でした。昨年売却するに当たって、2億円ぐらいで売れればいいなと思っていたのですが、思いがけず3億を超える金額で買ってくださる方が現れました。契約までの順調な流れや出会いのタイミングの良さは、間違いなく見えない尊い方々の采配があってのことだと思います」

産土の大神さまや鎮守の大神さまは土地神ですから、不動産関係には開運効果が高いのです。

さらに彼女の体験談は続きます。フランスの首都パリで、2015年11月13日に無差別テロ事件が起きました。3つのグループに分かれた過激派組織がコンサートホールやレストラン、カフェを次々と襲撃し、銃の乱射や自爆によって、死者130人、負傷者350人以上を出した事件でした。その時に娘さんはすんでのことで助かったといいます。難を避ける開運シンクロニシティが起きたわけです。

人生には生と死が「紙一重」の場面があります。これは産土開運法をしていたおかげで、〝神一重〟で助かったと言えるかもしれないケースでしょう。

近年、世界的にテロが起きています。多くの凶悪犯罪、家庭崩壊をはじめ、人心の荒廃《こうはい》が進んでいます。こういう時代は、大いなる守護をいただく必要があります。

また、地震・津波、集中豪雨などの災害があります。「産土神社に参拝していたおかげで、東日本大震災では家は流されたものの、家族が全員無事でした」「東日本大震災の津波が、自宅の前で止まってくれました」などの体験談も寄せられています。

ところで、仏教に「縁尋《えんじん》の機妙《きみょう》」という言葉があります。「よい縁がよい縁を尋ねていく仕方が実に機妙である」という意味で、安岡正篤《まさひろ》先生が紹介しています。運命が開くきっかけとなる人物と連続して出会える開運シンクロニシティの状態をいっているのでしょう。

自分の強い意志に、「神・仏・先祖」の加護が加わり、縁尋の機妙が働くわけです。人との縁には「上《じょう》の縁・中《ちゅう》の縁・下《げ》の縁」があります。上の縁とは自分を助けてくれる人との縁であり、下の縁とは自分の足を引っ張る人との縁です。

開運するには上の縁の人と付き合うことが大切です。「この人と出会ったことで、自分の人生が大きく開いた」と思える人を、東洋運命学では「貴人《きじん》」と呼びます。

貴人と守護の神仏は関わっており、貴人はあなたの前世との縁もあります。自分の実力をつけていくうちに、ある段階にきた時、ふっと貴人が現れます。その結果、大きく運命が開いていきます。

縁尋の機妙の実例として、私の開運体験を述べましょう。私は30代前半に、サラリーマンをしながら、週末に古神道の講座を開いていました。その成果の論文を雑誌に書いたことがありました。編集部の人と仲が良かったので、雑誌に載りました。

数カ月後、あるセミナー会社から「気の視覚法と浄化・強化行法のセミナーをやってくれないか」という話がきました。そのセミナーのチラシを見た出版社の社長（セミナー会社の社長の知人でした）から、「古神道の若手の修行者を探していました」という電話があり、私の論文が出ている雑誌をお見せしました。

社長自身にもセミナーを受けていただき、好評だったので、ビデオ『古神道の秘伝行法』が制作されました。次に、『古神道の行法と科学』（ＢＡＢジャパン）という私にとって最初の本が出ました。

その半年後、『たま』という雑誌をたまたま見ていますと、書評欄で『古神道の行法と科学』が絶賛された記事を偶然発見しました。たま出版にすぐに電話をして、社長（故・瓜谷侑《ゆうこう》広氏）のところに新しい本の企画書を持って会いに行きました。『古神道の行法と科学』の書評のお礼を述べ、新刊の企画のプレゼンテーションをしました。すると、その日のうちに『超日本人の時代』の出版が決まりました。『古神道の行法と科学』と『超日本人の時代』の2冊が私の「名刺代わり」になり、その後、20冊以上本を出せるようになりました。そういう面では、二人の社長さんが、私にとっての貴人だったわけで、お二人にはとても感謝しています。

このように、準備をした上で、チャンスだと思ったら、すばやく行動を起こすことです。神さまにうかがったところ、「これらの偶然は神仏の後押しであり、あなたはチャンスをつかむことができたのです」ということでした。

あなたの人生を大きく開いてくれる「貴人」に出会う秘訣

ラッキーだったことが、人生を大きく開くためのきっかけとなります。後で振り返った時に、「開運するために必然的に起きた」と思えるようにすることです。霊的世界から観ますと、人生で、偶然と思える事柄もすべて〝必然〟として起きるのです。

ここで、「開運シンクロニシティを起こす方法」を述べてみましょう。

○ラッキーな偶然を重ねるには、日頃から一石数《すう》鳥を心がけることです。常にそう考え、行動していると、開運シンクロニシティが連続的に起きるようになります。

○目標のプランを具体的に立てます。

○その目標を観て、「必ず実現する！」と念じます。目標に思念と行動を集中させると、シンクロニシティが起きやすくなります。

○神社・仏閣・神棚で、神仏に「目標シート」をお見せします。

○積極的に行動します。すると守護のご存在も、本人の決意と本気からくる行動をバックアップをして、開運シンクロニシティを起こしてくれます。

思念エネルギーには不思議な性格があって、人間が同じことを思い続けると、同じ性質のもの同士が集まり、ある一定量になると渦のように巨大化して、一種の独立体

〈分心体〉として生き物のようになります。それを思念魄《しねんぱく》といいます。

現在は「霊魂」と表現しますが、江戸時代までは「魂魄《こんぱく》」と表現されました。〈霊〉とは本来「直霊《なおひ》」のことです。〈魂〉とは「四魂」であり、〈魄〉とは霊的ボディで、〈魄〉は「光体・霊体・アストラル体」に分かれます。運身《うんしん》（魄体《はくたい》）の中に、カルマやコンプレックス、宿命・運命の清濁・明暗などの要素が存在します。占星術にしろ、東洋運命学にしろ、占いは魄の学問です。

自分が発した思念魄が「自力」でシンクロニシティを起こす原動力となります。臨界点まで達すると、思念魄がウワーッと浮き上がって、玄気世界の「願望実現領域」にまで到達します。

小さな成功体験をたくさん積みますと、「成功魄《せいこうはく》」になります。これがいわゆる〝伝統〟です。100以上の成功体験を積むと、成功を後押しする「成功魄」が形成されます。それが、成功シンクロニシティを起こし、願望実現力を加速させるのです。

自信は成功体験を重ねることでついていきます。ですから、小さくてもいいのでたくさんの成功体験を積んでいきましょう。

大切なのは、起こることや「縁の上・中・下」を見極めることです。願望に似た出来事やシンクロニシティが複数表れます。

たとえば、結婚したいという願望を抱いていると、異性が何人か登場します。しかし、最初の異性が「運命（理想）の人」とは限りません。思い込みをせず、「借金、依存症、暴力、健康面」などをチェックしてください。

不動産に関する願望なら、いくつか物件が動き出します。チャンスは増えますので、縁を判断し、最適な選択をするようにします。言葉は言霊であり、霊力があります。言葉により、「対象」に意味を与えますと、現象化・現実化を促します。「上縁《じょうえん》の人」と仲よく付き合う目標を明確にすることが大切です。

(記入例) 私の理想の上縁

運がいい人、開運している人
自分の人生を大きく開いてくれる貴人
人生の師匠、適切なアドバイスをしてくれる人
自分よりもレベルが高い人、成功している人
末永く仲よく、お互いに成長できる人
笑顔が多く、明るい人。時間と約束を守る人
精神的にも経済的にも豊かな人
自分と価値観や趣味が同じ方向の人
※一番下に、自分の名前と生年月日・生まれ十二支を書きます。

願望シートに書いたら、その上縁の人と付き合える自分になれるように、自分のレベルアップをはかります。神社仏閣で、この「理想の上縁」シートをお見せして、祈願するとよいでしょう。

開運には「開縁力《かいえんりょく》」が必要です。開縁力とは、開運に必要な人たちが味方になってくれる力のことです。

ここで、貴人と出会う秘訣を述べてみましょう。

○決意して、本気で行動する

本気で思う時、エネルギーが動きます。天命・地命を果たそうとしている時、〝縁尋の機妙〟が働きます。そうすると、自分の一霊四魂に縁のある、自分を引き立ててくれる貴人が現れます。同時に、**貴人となる人たちが、自分と付き合うとメリットがあると思ってもらえるように付き合うことです**。貴人と自分がともにメリットがあることが重要です。

縁尋の機妙の中に、その人の産土の守護曼荼羅のご存在が動きますから、日頃から決意の言霊（巻末付録でご紹介します）を唱えることが大事になります。ホンネで思う時、エネルギーが動きます。

○産土さまの世界で良縁を結んでいく

守護の神仏は〝人と人との縁〟を通して開運の後押しをしてくれます。産土開運法をしていると、幸運の女神や貴人に会う確率が増えてきますので、そのチャンスをつかまえましょう。「幸運の女神は人生に3回は来る」といわれています。

幸運の女神は正面ではなく、〝横〟を通り過ぎます。横を通る時に、すかさず前髪をゲットすることです。その努力がお金をもたらしてくれます。

○自分なりに準備しておく、実力をつけておく

「人生は準備で決まる」という格言があります。準備をして、チャンスが来たら、それを確実に活かすことです。成功した人を見ると、よいタイミングで、助ける人が現れることで運が開いていきます。自分がコツコツやって、ある段階に来た時、貴人が現れて、グッと変わるのです。

しかし、貴人と会っても、自分の実力が足りなくて心の準備ができていないと、チャンスをつかめません。また、貴人と橋渡しをしてくれる「結び人」がいる場合もあります。人との縁をブッツ切っていたら、当然、「結び人」や貴人とは出会えません。貴人と会うには、貴人が引き立ててくれるだけの実力をつけておくこと、現れた時にすかさずチャンスをぐっとつかむことです。

○最高のよき言霊《ことだま》を使う

日本は「言霊の幸《さきは》ふ国」といわれます。日常生活で、最高の開運言霊などを使うと、だんだんその言霊に相応する人たちが現れ、開運人生になっていきます。**最高の開運言霊は「おかげさまで、ありがとうございます」「すばらしい！」「私は運がいい」**、そして**「自分と相手をほめる言葉」**です。

○自分が強運だと思っている人や、ツイていると思っている人と付き合う

上手にお金儲けをしたり、自分の実力で財産を築いた〝能動型お金持ち〟と、意識的に付き合うのもいいでしょう。「どうやってお金持ちになったか」という秘訣や、「お金に対する心がまえ」を学ぶつもりで付き合うことです。

他人の金運エネルギーは自分も受けられます。「私は運が悪い」と思っている人からは、運もお金も逃げていきます。意識的に、「私は運がいい。とてもツイている！」と言霊に出して言いましょう。

○「私益・他益・社会益」を重ねる生き方をする

人間社会では、私益と他益、社会的な利益が対立することがあります。時に「こちらを立てれば、あちらが立たず」という矛盾が生じる場合があります。

実は開運している人は、「私益・他益・社会益」が重なっている人です。「自分の利益になることが相手の利益になり、それが社会の利益にもなること」を目指すとよいでしょう。3つの利益が同心円上に重なることが望ましいです。これはホンネ（私

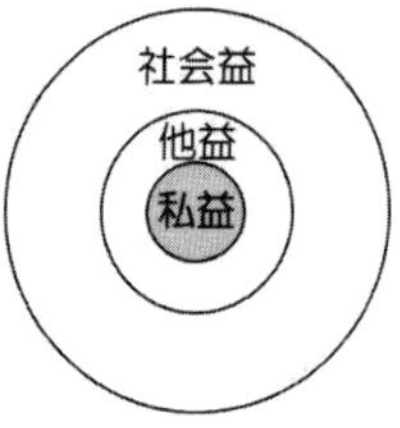

３つの利益が重なるように工夫する。

益）とタテマエ（他益・社会益）を合致させる方法でもあります。

自分だけの利益に偏らず、また自己を犠牲にもしないことです。家族の視点でも、同様に「自分益・家族益・社会益」になるように考えます。「それは私益・他益・社会益になっているか」「何をすれば私益・他益・社会益が重なるか」を自問自答するとよいでしょう。

○遠慮しないで、相手に頼む

チャンスをモノにする場合、遠慮しないことです。「ダメでもともと」で、積極的に自分を売りこみます。人生が開いていない人を見ますと、妙に遠慮しています。そして、相手に何か頼む場合は、必ず相手にも利益を与えるようにすることです。

開運シンクロニシティを起こすには「時間認識能力」「空間認識能力」を高める

宇宙に存在するものはすべて〝生命〟です。宇宙も神仏も、太陽系も地球も大地も、人間も動植物もすべて生命であり、その意味では「宇宙同根（宇宙のものはすべて同じ源から生じること）」です。この「宇宙同根」もまた、「うぶすな」の世界観です。

宇宙は生命であるから、成長を遂げます。

そして、生命は時間です。生命には必ず寿命がありますから、生命とは有限の時間になります。生物にはそれぞれに生命時間があります。ですから、「人間は必ず死ぬ」という事実からスタートすることです。「天寿という限られた時間をいかに生きるか」を考えるようにします。

開運する人は時間を大切にしています。約束している時間を守らないということは、自分の生命時間を無駄にしているだけではなく、相手の生命時間を無駄にさせていることになります。

時間と約束を守り、お金を大切にすることが、開運するための必要条件です。成功者を見ますと、タイミングよく助け舟が入って、危機を乗り切っています。この絶妙のタイミングが「開運シンクロニシティ」です。

時間の質が大切です。神仏は、「どう生きるか」という人間の生き方を重視します。要は、時間と空間の中にシンクロニシティが起きているのです。日頃から開運シンクロニシティを起こすには、「時間認識能力」と「空間認識能力」を高めることです。「時間認識能力」とは１００年、２００年という長期的な視点で物事を考え、行動していく能力です。また、「前世・現世・来世」という長いスパンで人生を考えることです。

10年で作戦を考えるのが戦略であり、戦術が3年です。「人生は準備である」という言葉があるように、長期的な計画の中で行動している時、その準備状況に応じたシンクロニシティが起きます。

「空間認識能力」とは、自分の立ち位置を広い視野で観る能力です。「宇宙の中の自己」という視座を持ち、「自己の中に宇宙がある」という感覚を持つことです。

宇宙的視点に立ちますと、地球人類はみな同胞であり、宇宙人類も同胞です。地球、太陽系、銀河系まで空間認識を拡げてみましょう。「産土」という軸を持ち、グラウンディングをした上で、意識を拡大していくことです。

ここで、シンクロニシティを起こしている潜在意識の活用法を説明しましょう。人生の成功者は全員、自分の潜在意識を味方にし、その性質を活用している人たちです。自分の潜在意識を味方にした人が、多くの他人を味方にできるのです。

人間の意識は見たり、聞いたり、考えたりする顕在《けんざい》意識（表層意識）と、その奥にある潜在意識（無意識）に分かれています。

人間は90パーセント以上の潜在意識のおかげで、生活できています。開運思考や開運習慣（行動のクセ、口癖）を持つと、条件反射（パブロフの犬）のように、自動的に潜在意識が幸福になるように働くのです。潜在意識は本人の「自己観・人間観・世界観」によって、人生を形成していきます。

まず、潜在意識の奇妙な性質を説明しましょう。

○潜在意識は〝暗示〟に弱い

そのことが「真実か、虚偽か」ではなく、本人が「どれだけ思い、言っているか」で決まります。**自分の潜在意識に前向きな言葉、ほめ言葉をかけていると、前向きになっていきます。**幕末の神道家・黒住宗忠は「うそでもよいから、ありがたしという とありがたくなってくる」と言っていますが、「運がいい」と言っていると、本当に運がよくなっていきます。暗示がかかりやすい時間帯が、寝る前と起きた時です。

○想像力（イマジネーション）は創造力（クリエーション）

想像の世界と現実の世界の区別はありません。リアルにありありと想像すると、現実の世界でもそのように創造するのです。人間には内なる神仏が宿っているので、自分の想像力（イマジネーション、イメージング）によって、人生を創造できます。顕在意識のイマジネーションを、潜在意識が現実の世界で創造（クリエーション）するのです。人間の潜在意識は霊界のパターンに似ています。

潜在意識は、現実と想像を区別しません。ですから、毎週、自分の目標について考える時間を持つことです。

○ホンネとタテマエだと、ホンネが優先される

「開運したいけど、自分は変わりたくない」「金運アップしたいけど、貯金はめんどうだ」と考えますと、潜在意識は混乱して迷ってしまいます。タテマエとホンネでは、ホンネが優先されます。ですから積極的に行動を起こすことで、「自分は本気である」ことを潜在意識に示す必要があります。

○愛あるログセは「徳」になり、悪しきログセはカルマになる

潜在意識は本人の口グセの言うことを実現しようとする存在です。「わかった。そう思っているのなら、かなえてあげよう」と実現するように忠実に働きます。そこで、潜在意識はシンクロニシティを起こします。

「どんなシンクロニシティを起こすか」が重要です。自分に「開運吉祥・和楽繁栄」と言い聞かせれば、潜在意識は信用し、ポジティブなシンクロニシティを起こし、だんだんそうなっていきます。「ありがとう」などの愛ある言葉を口グセにすると「徳」になり、悪しき言葉を口グセにするとカルマになるのです。

○潜在意識に「自分・他人」「過去・現在・未来」の区別はない

主語はないので、内容だけをまじめにインプットします。相手をほめると自分をほめていることになるし、相手をけなすと自分をけなしたことになります。

過去・現在・未来の区別もありません。「開運吉祥・和楽繁栄」を宣言し、その通りに自分で実現させていくように行動することです。

○快い・不快を優先する

理屈・理論よりも、快感など感情に強く影響されます。ですから「その目標が実現できると、楽しいし、おもしろい」というモチベーションが持てる、快感の伴う目標を立てることです。「こうあらねばならない」という義務的内容ほど、人間は実行できないものです。

○ヴィジュアルや物語が大好き

潜在意識はストーリーでインプットされますから、なるべく具体的に、詳細に想像しましょう。そのためには、文字やイラスト、写真などを活用し、それを物語にすることです。「昔、昔、あるところに……」で始まる昔話が長く語り継がれてきたのは、物語の形をとっているからです。

○人間の心には潜在性格としての「シャドー」がある

ユング心理学では、本人の性格の補完として、無意識の中に反対の性格を持っていると説いています。それがシャドー（影）です。

積極的で前向きな人は、そのシャドーとして心配性を持っているとされます。自分のシャドーに対する付き合い方の第一は、「自分にも影とも言える性格があること」を認め、自覚することです。顕在性格と潜在性格を陰陽と考えて、二つの性格を活用

することです。

時々、「悪いことを思うと悪いことが起きるから、悪いことを思わないことだ、といわれていますが……」という質問を受けることがあります。その説は極端です。「個人レベルの開運や成功」では確かにその要素はあるのですが、個人の思いや人間社会の思惑とは関係なく、東日本大震災のような地震や津波は起きますし、台風も毎年きます。

「原発は安全だ」と思い込み、危機管理を怠ったため、津波によって福島原発事故が起き、甚大な被害が発生しました。したがって、最悪な状況を想定して危機管理を行うことは、平穏無事に人生を送るために必要です。

そもそも人間はシャドーがあるので、時々悪いことや不安なことを思うものです。時々ならＯＫです。むしろ「悪いことを思わないようにしようと考えていると、じわじわと不安が湧いてくる」ものです。経済的にゆとりを持ち、平穏に人生を送るためには「両面思考」が重要です。

（陽）願望を実現させるための積極的な思考と行動
（陰）平穏無事であるための物心両面の危機管理（リスクマネジメント）

兵法《へいほう》では「攻撃と防御は一体」と考え、防御がうまい武将は攻撃も上手です。大切なのは、不安になったら、すばやく不安要素に対して対策を打ち、安心した気持ちになることです。

まずは危機管理（防御）を行い、産土の守護曼荼羅のご存在たちの加護を祈ります。その上で、安心して積極的に目標に向かって行動すればよいのです。**「危機管理については何が起きても対応できるように悲観的に備え、日常生活は『神・仏・先祖』の加護のもと、陽気に楽しく、楽観的に生きる」**ということです。

つまり、人間のシャドーは、人生の危機管理としてバランスを保つためにも必要なものです。西洋流の成功哲学には、このシャドー理論や危機管理に対する視点が足りないのです。「両面（陰陽）思考」が大切です。

天地の法則に沿って行動すれば、開運シンクロニシティが起きやすくなる

ところで宇宙や地球の運行、大自然の四季の巡り（バイオリズム）など天地自然の持つ法則性を〝天地自然の道理〟といいます。

天地自然の法則に合った思考や行動をすると、開運シンクロニシティが起きやすくなります。産土の守護曼荼羅のご存在たちは、天地自然の法則、すなわち天地自然の

道理に沿っている人を大きく守護してくれるからです。

「天地自然を師とする」という視点で、天地自然の法則（天地自然の道理）を活用して、開運シンクロニシティを起こし、和楽に生きるための方法を述べていきましょう。

動植物は「天地自然の巡り（大自然の摂理）」の中で、生きています。人間の運命にも法則性があります。天地自然の法則に沿えば成長・発展・繁栄し、和楽な人生になります。逆を行えば、退歩し、衰退します。天地自然の法則を使って、幸運を引き寄せて、和楽な人生を歩みましょう。


道理とは「無理がない。節度がある。納得できる。偏っていない。極端に走らない。バランスがよい」ということです。まず、天地自然の法則を知って、無理をせず、無用な苦しみを軽減し、よりよい人生にすることです。

第1法則　開運の原因をたくさんつくると、たくさんの開運の結果が表れる

天地自然の法則は「すべてに原因があり、そこから結果が表れる」という原因と結果の法則が根本です。現在の自分とは前世からの思いと行動の総和（総決算）です。

多くの人は、成功者を見て、うらやましいと思いますが、成功者は成功する「原因」を事前につくっているのです。また、失敗や不幸にも必ず原因があります。開運し、繁栄するには、意識的に「開運の原因」をコツコツとつくっていくことです。

夜がだんだん明けるように、物事は順序に従って進みます。夜から突然、朝にはなりません。ですからあせらず、確実にじっくりと取り組み、成果をあげることです。

人生の成果は「小を積み上げて大となす」が基本です。

「開運の原因」をつくれば、確実に開運の果実（結果）を得られます。毎日、開運の原因をつくっていくことが大事です。人生は一種の農業であり、何の種を蒔くかで、どんな実がなるかが決まります。大いなる収穫を得る「種」を蒔いて、育てましょう。

土の中には「原因という種」があるのです。蒔けば時間を経て、「結果という実」がなります。

「植物思考」で、物事を考えましょう。自分を植物にたとえて、自分の心にねぎらいの言葉やほめ言葉などをかけ、栄養をたっぷり与えましょう。

リンゴの種からは、多くのリンゴがなります。一つの種から多くの実がなるようにするのが「かけ算思考」です。ただし、「桃栗3年、柿8年」というように、時間がかかりますから、じっくりと育てましょう。

結果に焦点を合わせるのではなく、原因に焦点を当てることが大切です。幸せで豊かな人生にするには、「現在の結果」をもたらしている原因を探り、その「原因（種、根っこ）の改善」を行うことです。

収穫が期待できるよい種を蒔くには、自己信頼を育てることです。自分には幸福や

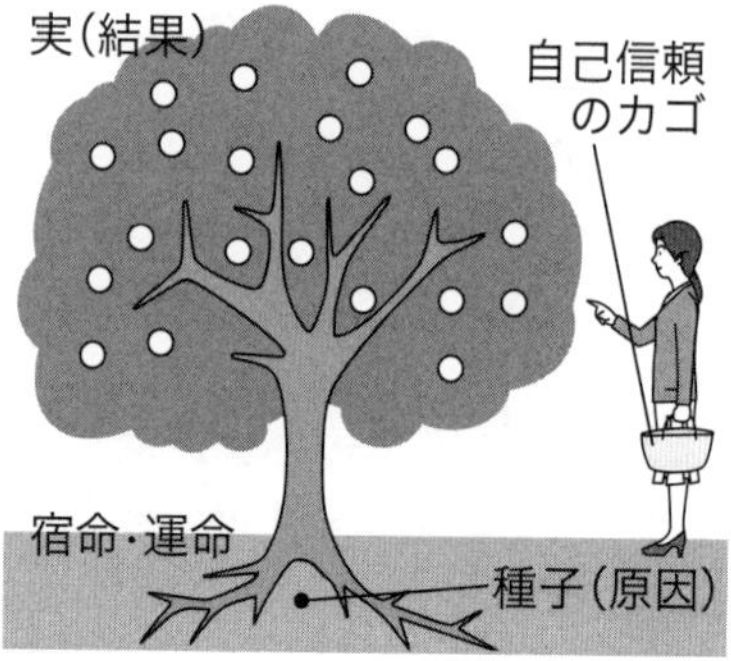

多くの富を受け取る「価値」と「資格」があると確信することから始めましょう。

豊かな土壌にし、多くの実（開運、成功、金運アップ）がなるよい種を蒔いて、じっくり育てていけば、確実に豊穣の秋（豊かな人生）を迎えることができます。

原因と結果の法則は「作用・反作用の法則」でもあります。他人の悪口を言うと、ブーメランのように自分に返ってきます。すべてがつながっているから、自分が行ったことは自分に返ってくるのです。

因縁は3代で観ます。親が子どもに言葉による虐待をしたり暴力をふるうと、その子どもが大きくなった時に親が暴力をふるわれます。それを「トラウマ返し」といいます。

原因と結果の法則は長いスパンで観ることです。結果が出るのには、時間がかかります。開運するためには数十年のスパンで観て、行動するようにしましょう。

第2法則　陰陽が調和するとレベルアップする

すべてに陰陽があります。原因と結果、天と地、神と仏、表と裏、精神と物質、北極と南極、昼と夜、東洋と西洋、男性と女性、活動と休息、交感神経と副交感神経などです。

陰陽は対等ですから、「すべてを陰陽としてとらえる」という思考を持つことです。「精神的生活と物質的生活」のバランスを常にとり、陰陽調和させていくことが大切です。陰陽関係を善と悪ととらえるところから、争いが起きるのです。「正しいか、間違いか」ではなく、陰陽でとらえればいいのです。

元極図《げんきょくず》では、陰の中に〝真陽《しんよう》〟があり、陽の中に〝真陰《しんいん》〟があります。男性の中には女性性《じょせいせい》としての「アニマ」があり、女性の中にも「アニムス」という男性性があります。

元極図

天地自然には純粋なものは存在しません。水や塩も不純物（ミネラル）があるから身体によいのです。清濁あわせもつのが大自然なのです。

したがって、人間も他者に対する寛容さが必要です。純粋性（ピュア）を求めますと、豊かになれません。なぜなら、純粋性は「削《そ》ぎ落とす行為」であり、豊かさとは「加えていく行為」だからです。

陰陽思考とは「万物はすべて陰陽で成り立っており、陰陽は働きが違うだけで優劣はない。陰陽の交流・循環で物事を動かしている」という考え方です。自力と他力も陰陽であり、自力に対応した他力が発動します。攻撃と防御も陰陽です。

人生にはさまざまな矛盾や不合理があります。矛盾が出た時に、AかBかと考えるのではなく、AとBの長所を活かして、「第3の道」を探ればいいのです。

陰陽調和とは、陰と陽のバランスをとった上で陰陽のエネルギー運動を起こして、スパイラルに次元上昇させることをいいます。陰陽調和とは「新たな価値を生み出す積極的なレベルアップ法」であり、その前提として、陰陽のバランスをとるのです。

陰陽を調和させると太一《たいつ》という新たな価値が生まれると考えられています。実は〈陽〉神と〈陰〉仏尊の上位に、〈太一〉としての原則界があるのです。原則界は宇宙の法則をつかさどっています（第5章参照）。

第3法則　「中道」を心がけ、バランス感覚を持つ

道理とは正しいことではなく、「その通りですよね」と納得できることです。正しくても偏りや無理があると、後でリバウンドがきて、問題が発生するからです。

お金、仕事、信仰（宗教）、恋愛など、すべてにおいて極端にならないことです。

「過ぎたるは及ばざるよりも劣る」です。やりすぎるのは、足りないよりもよくありません。

セルフコントロールの基本は「中道の行為」を意識的に行い、バランス感覚を持つことです。偏るのが人間の性《さが》です。偏ったまま、そこで安定しようとすると〝変容〟が起きます。意識的に違う内容のことを行うことで、一方向の偏りを矯正しましょう。

日本人は全体的に「無理をする。やりすぎる。どちらかに偏る。ホンネを言わない」という傾向があります。この４つに気をつけて、日頃から中庸を心がけるとよいでしょう。

古神道では、**「過去・現在・未来」「天・人・地」の中心点を「中今《なかいま》」**といいます。自分の基準点、中心軸を定めることです。その基準点からの〝距離〟で全体を把握します。中心軸が「グラウンディングとしての産土」です。

動物は、自分や家族が食べる分しか狩りをしません。人間も「足《た》るを知る」ことが大切です。人類は欲望の赴くままに多くの動植物を殺し、地球環境を破壊してきました。禍《わざわい》は驕《おご》りから発生します。

「道理に従って行動すること」と、「正しいことを行うこと」は別です。易《えき》に「正しくとも凶」という言葉があります。「正しいことを行っても、相手や時期、タイミングによっては、自分の人生が暗転することがある」ということです。

中庸

慢心

（陽）自信

（陰）謙虚

卑屈

実は、**正しいことをすれば開運するわけではなく、開運するように行動することで、開運人生になります**。長年、開運法の研究と実践をしていて思うのは、「正しい行動、よかれと思う行動」と「開運し、豊かになる行動（道理に沿った行動）」は〝別次元〟の話だということです。

人間は自分の持っている範囲の知識・経験や自己評価に基づき、「正しい」と判断して行動します。ところが、この「正しいと思う選択」が必ずしも「開運し豊かになることにつながる選択」とは限りません。「他人に迷惑をかけたくない」と思い、誰の援助も受けずに、病気で倒れたり、破産する人もいます。開運するには、多くの人から上手にサポートを受けることが必要です。

人生で、自分が「よかれ」と思って行っても、結果的に逆の結果になり、残念な思いをした経験がある人も多いでしょう。人間は善悪、損得、利害で考えがちですが、「正義のための戦い（聖戦）が紛争を激化させる」というパターンになることもしばしばあります。

ところで、感情は「認知」（受けとめ方、とらえ方）により作られます。認知は自分が物事をどう見るか、どのように受けとめるか、どのような態度をとるかを規定します。

　そこで認知力をつければ、感情をコントロールすることができます。認知の基本は「中道」であり、バランス感覚が大切です。

　自信を持つことは自己信頼にとって大切ですが、反省なき自信は慢心になります。自信と謙虚さを陰陽ととらえ、中庸を心がけましょう。

　慢心を防ぐのが感謝と謙虚な気持ちです。感謝と謙虚さを表す言葉が「おかげさまで、ありがとうございます」です。「おかげさま」とは「神・仏・先祖」の守護をいただく言霊ですが、相手や周囲、社会のおかげという意味もあります。

第4法則　中心軸を持ち、80対20の法則を活用する

　人間をはじめ、脊椎《せきつい》動物には背骨があります。背骨があることで、さまざまな動作ができます。背骨は人体における中心軸です。植物にも幹という軸があります。大きな幹であれば、たくさんの枝葉をつけ、多くの果実がなります。

　人間の考えも、常に中心軸（基軸）を持つことで、ブレたり、迷ったりしなくなります。中心軸とは「志、産土、ヴィジョン」です。自分の周囲をよくしたいのなら、自分

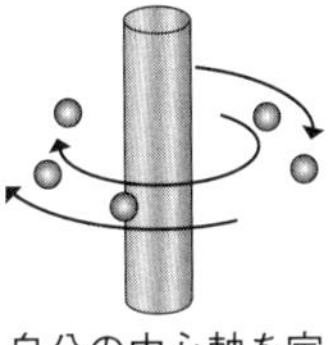

自分の中心軸を定めると、環境が自分を軸に回り出す。

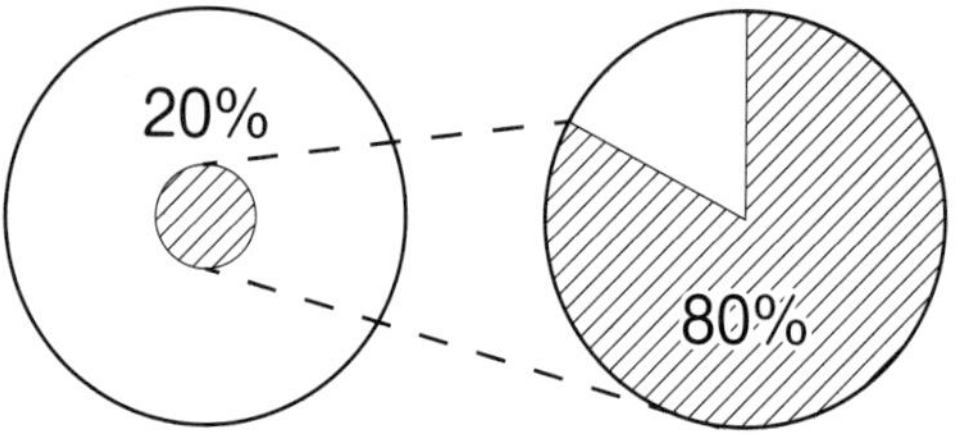

核になる20%が80%の成果をつくる。

が輝くことです。

「まず、自分をいかにレベルアップさせるか」を中心軸に据えます。仕事でも、最重要なものが中心軸になります。「何が軸か」を考えていくと、問題点や解決法が観えてきます。問題にも要《カナメ》があります。天地自然はすべて要（核）を中心に、残りが回っています。太陽系における太陽のように、中核（要）が残りに大きな影響を与えています。

自分の人生に軸を定めると、コマのように、周囲が回るようになります。神仏も同様で、人間が志を定めると、積極的に動いてくださいます。

また、すべての原因が均等に結果を出すのではなく、**特に重要な20パーセントの原因が、80パーセントの結果を出します**。重要な20パーセントの根本原因を洞察し、それに集中的に対策を打つことです。

「80対20の法則」は最小努力で最大成果をあげる法則です。ビジネス界でも、80パーセントの売り上げを20パーセントの上顧客がもたらします。

その重要な20パーセントに力を集中させることで、大きな成果が生まれます。それを発見した経済学者であるパレートの名前を取って、「パレートの法則」ともいいます。

植物は大きな幹（軸）がある木ほど枝葉が伸びます。「今、最も優先すべき重要な20パーセントは何なのか」を日頃から意識して行動しましょう。人間関係でも同じで、重要な20パーセントの人間関係を良好にするように力を注ぐことで、80パーセントがうまくいきます。

第５法則　波長同調の「引き寄せの法則」を活用する

極小から極大まで、すべてが相似形《そうじけい》になっています。原子の構造は、原子核があり、その周りを電子が回っています。太陽系も同じパターンです。

台風と銀河も渦巻き状です。宇宙（マクロコスモス）とミクロコスモスである人間も同様です。相似の法則が運動を起こすと、「相応の法則」になります。

「類は友を呼ぶ」「似たもの同士は引き合う」という磁石と鉄の関係、いわゆる「引き寄せの法則」が起きるのです。自分の環境も同じで、その人の心に相応して、環境が整えられます。

「類は友を呼ぶ」であり、自分のレベルに応じた環境を引き寄せます。ですから自分のレベルアップが、自分の環境をよりよいものにしていくのです。

自分が暗いまま、周囲の環境を明るくしようとしても無理です。周囲を明るくしたいなら、自分が光り輝くことです。開運するとは、自己を変革することです。

自分の環境は、セルフイメージ（自己像）や行動に相応しています。自分の環境は前世からの総和です。環境から学び、養分を吸い取ることです。養分を吸い取ると、今の環境が枯れて、新しい環境に変わります。

学び終えると、その境涯《きょうがい》に必要な環境を引き寄せます。自分のステージアップをすれば、レベルアップした環境や人間関係を引き寄せることができるのです。

よい人生にしたいのなら、〝意識的に〟自分よりも上の人間と付き合うことです。アドバイスも必ず、その事柄に関して成功した人から受けることです。

同時に、その人の認識・境地・志に応じた神仏・存在が感応します。明るくポジティブな心を持ち、霊的レベルが高い人物には光のご存在が感応し、暗くネガティブな心の人物にはネガティブな霊的存在が感応します。つまり、自分の霊的精神的レベルに応じた神仏やご存在がアプローチしてくるわけです。それを「神は鏡のごとし」といいます。

そこで、自分自身の〝心の審神（サニワ）〟が必要になります。自分の内なるホンネを検討するのが、サニワの第一歩です。サニワとは一般的には神託を受け、その真偽を判定し、神意を解釈して伝えるという意味ですが、神仏や霊的な存在のメッセージを無条件に信じるのは危険です。同様に、人生そのものにもサニワが必要です。さまざまな詐欺や儲け話に騙されないために、物事の本質を洞察して、判断するサニワ的思考を持ちましょう。

第6法則　「無常・流転」と「輪廻循環」の法則

万物は陰陽になっているので、常に変化します。すべての事柄は究極に達すれば変化し、変化することで新しい発展を遂げます。

月と同じように「満《み》つれば欠ける」で、頂上に達すれば、必ず衰退が始まります。逆境でも粘り強く行動すれば、いずれ上昇します。

人生も無常であり、常に変化・流転《るてん》します。人間の心も時間がたつことで変化し、成長する人もいれば、堕落する人もいます。安定とは幻想であり、変化が常態です。

家族も会社も変化していきます。変化に対応する人が成功するのです。仕事も〝変化すること〟を前提に行いましょう。

一世代に最低一つは、大きな試練があるものです。太平洋戦争の経験者は高度成長の恩恵を受けました。その前の世代は関東大震災、日清戦争・日露戦争、その前は明治維新の混乱などで苦労をしました。

平和と乱世は交互に現れます。いつも〝不安定な状態〟にあるという認識の中で、危機管理能力・危機感知能力を磨くことが大切です。

因果の連続を「縁起」と呼び、縁起が循環することを「輪廻《りんね》」といいます。天地万物は循環します。地球は自転しながら、太陽の周りを公転しています。太陽も自転しながら、銀河を公転しています。したがって、地球はラセンの動きをしています。人間の遺伝子ＤＮＡも二重ラセンになっています。

人間の輪廻転生の法則は本来、〝成長・進化の法則〟であり、成長をスパイラルアップ（ラセン上昇）と見ることができます。

第７法則　進化とは多様性を認め、寛容になること

宇宙にあるものはすべて生命です。宇宙も銀河系も太陽系も地球も、すべて生命体です。万物に生命があると考え、敬意を持つことが「うぶすな」です。さらに、宇宙には同じものは一つもありません。すべてがオンリーワンです。

全体と個は〝不即不離《ふそくふり》（数珠つなぎ）の関係〟にあります。全体が個に影響を与え、個が全体に影響を与えます。宇宙は〝宇宙超巨神〟ともいうべき一個の生命体であり、オンリーワンの集まりで、全体が成り立っています。

人体は赤血球、白血球、精子、卵子、大腸菌など生命にあふれています。すべて

別々の働きをしていて、全体で一個の人間になっています。

進化論では、アメーバから始まり、植物、動物とどんどん増えていきます。では、アメーバがいなくなったかというと、今でもいます。つまり、進化とは多種多様化することです。

人間の進化は心の多様化です。多様性を認め、全体として調和することです。人間の価値観も多様になるわけですから、お互いの違いを認める寛容の精神が大切なのです。「天地自然の道理」という視点で、物事を判断することです。天地自然の法則に順応して生きることで、大いなる加護とバックアップをいただけます。神仏は大自然を愛《め》でる人を特に愛するからです。

第5章　古神道の最奥義・自神拝と「産土の守護曼荼羅《しゅごまんだら》」強化法

自神拝は一霊四魂と「産土の守護曼荼羅」を強化する秘伝行法

古神道の最奥義・自神拝《じしんぱい》は内なる神性「一霊四魂《いちれいしこん》」を拝み、霊性の覚醒をはかる秘伝行法です。自神拝によって、自分の一霊四魂と産土《うぶすな》の守護曼荼羅を強化しましょう。

江戸時代は伯家《はっけ》神道を創始した白川神祇伯王家《しらかわじんぎはくおうけ》と、吉田神道をつくった吉田家が、二大家元として、全国の神職に神職免許状を出していました。この白川神祇伯王家は江戸時代の終わりまで、天皇家の霊性を守ってきましたが、現在は絶家《ぜっけ》になっています。

伯家神道には「御鏡御拝《みかがみぎょはい》」という奥義があり、鏡に写った自分の神性を拝みます。「御鏡御拝」を日常生活に応用したのが自神拝です。自神拝は神仏が最重要視する霊性開発法であると同時に、〝自分自身との信頼関係の再構築〟をする方法です。内なる存在と外なる存在に対して〝感謝と賛美〟を行います。

○直霊《なおひ》……胸の中央にある内なる神仏の中心的存在。人間に直霊を授けた神が「直霊の大神」であり、タマシイの親神になります。本体神・直霊の大神と産土の大神が表裏の関係になります。
○荒魂《あらみたま》……この世に現象化をもたらす働きをする内なる神仏です。
○和魂《にぎみたま》……下丹田《たんでん》に位置し、調和・統合する働きをする内なる神仏です。
○奇魂《くしみたま》……奇《くす》しき力（奇跡、超常的パワー）をつかさどる内なる神仏です。
○幸魂《さきみたま》……胸の前方に位置し、智恵、洞察力をつかさどる内なる神仏です。

直霊と、荒魂・和魂・奇魂・幸魂で一霊四魂です。一霊四魂はそれぞれ光のタマです。一霊四魂の中心になる直霊をくださったのが、直霊の大神さまです。

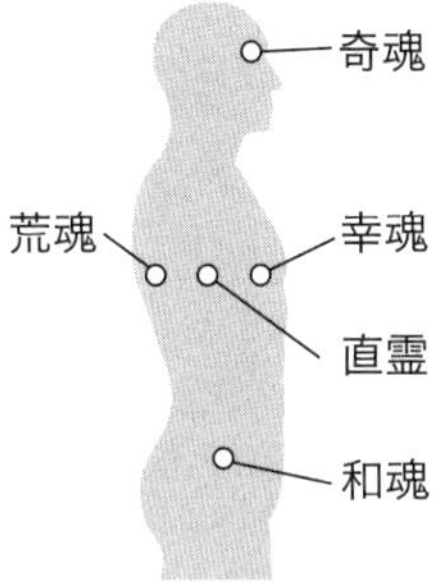

私は近年、「わが一霊四魂が、自分の心（顕在意識、潜在意識）と肉体をまとっている」という境地にいたりました。「内なる神性（一霊四魂）が宿っている」という認識から始まり、自分の本体である一霊四魂を〝軸〟にするという発想になりました。私はかつて「神に、自分の開運を祈る」から、幕末の神道家・黒住宗忠の「神のご開運を祈る」という逆転の発想に着

眼したのですが、その時と同じような経過をたどりました。

開運能力を含め、**直観力・洞察力などあらゆる潜在能力の源泉は一霊四魂とチャクラにあります**。私は最近、一霊四魂に大きさの違い、波動の強弱があることを実感しています。歴史上、偉人といわれる人たちはタマシイ（一霊四魂と霊的ボディ）が大きいのです。**自神拝によってタマシイを大きくすることが、霊性の覚醒とともに、人間力をつける近道**なのです。

自神拝が重要なのは、一霊四魂の力が〝開運人生の軸〟になるとともに、「死後の安心、輪廻転生でのステージアップ」に効果が高いからです。自神拝は次の5つの開運法としてとらえることができます。

○産土の守護曼荼羅の強化

一霊四魂を主座にして、守護のご存在が曼荼羅を形成しています。自分の一霊四魂が光ると、守護のご存在も光り輝きます。

○前世・先祖・無意識につらなるトータル開運法

自神拝は一霊四魂から前世・先祖、現世の宿命・運命、無意識、天命へとつながるトータル開運法になっています。

○「高次の自己」と「現在までの自己」の陰陽調和

「高次の自己」である一霊四魂から、時空超意識（前世）・集合的無意識（先祖）、チャクラ、自分の潜在意識につながり、幼時・子ども時代を経て、現在の自己にいたります。それらの陰陽調和をはかります。

◯「自己との対話力」をつける

一霊四魂の願いと自分の行動を一致させていくことです。自分の一霊四魂に、最高のよき言葉をかけるようにします。

◯来世の開運につながる

自神拝は来世の開運につながる「前世・現世・来世」のご開運をするのに最重要な行法です。

さて、私たちの銀河系も〝光の渦〟の曼荼羅状になっています。太陽系も、太陽を中心に惑星や準惑星、衛星によって曼荼羅を形成しています。物質の単位である「原子」は原子核と電子によって、曼荼羅状になっています。

人生を開運吉祥・和楽繁栄にしていくには「曼荼羅思考を持つ」ことがよいと私は考えています。

（１）「曼荼羅」には必ず、中心があります。自分の人生の主人公は自分自身であり、人生の主導権は自分が握ることです。銀河系は〝光の渦〟になっており、常に動いています。人生も同様に、自発的な行動が主導権を握るポイントになります。

（2）「曼荼羅」では、すべての存在が構成員です。私たちは社会の一員であり、地球、太陽系、銀河系、宇宙の一員なのです。したがって、自分の想いや行動に責任を持ち、自分だけでなく、全体の調和をはかることが大切です。「自分よし、相手よし、社会よし、地球よし」が曼荼羅思考です。

（3）「曼荼羅」は大きな曼荼羅の中に、小さな曼荼羅があります。それぞれが自分の世界を持っており、全体としては調和されています。人間も自分の曼荼羅（世界）を持つことが大切です。

万物同根で、一切の生きとし生けるものに敬意を持つ「うぶすな」思考と、密教的曼荼羅思考は陰陽セットになります。

産土の守護曼荼羅のご存在たちの構成員と「トホカミヱミタメ」の意味がわかった！

私は古神道の研究の中で、産土神《うぶすなのかみ》の重要性を考えてきました。私は20年以上前から、開運カウンセリングをしていますが、最初期は「生まれた場所の近くの産土神社に、お参りしてください」と話していました。

　その後、相談者から「近くに神社がいくつもありますが、産土神社はどれでしょうか？」と質問され、神道フーチ（神道式ダウジング、振り子）でリサーチするようになりました。すると、近くの氏神さまではないことが多かったのです。住んでいる場所の鎮守神社も同様でした。

　そういう経緯で〝本人の開運にとって重要な神社〟として、産土神社・鎮守神社のリサーチを始めました。ただし、あくまでも現在の氏子制度を否定するものではありません。氏神さまにもお参りしてください。

　自神拝の祈り詞《ことば》は「巻末付録」に載せています。ここで、産土の守護曼荼羅のご存在たちについて、詳しく述べておきましょう。

「おかげさまで、ありがとうございます。宇宙の大いなる意志、大調和に基づく天命もちて、とってもありがたいわが御祖《みおや》の大神《おおかみ》さま、わが一霊四魂、わが直霊《なおひ》の大神さま、わが産土《うぶすな》の大神さま、わが産土の守護仏《しゅごぶつ》さま、わが鎮守の大神さまをはじめ、とってもありがたい『われとわが家族の産土の守護曼荼羅《しゅごまんだら》のご存在たち』の一霊四魂の、いやますますのご開運をお祈り申し上げます」という祈り詞がすべての基本になります。ここで、私が神仏を発見していったプロセスを記してみましょう。

①まず出雲神道の流れの中で、**産土の大神さまの再発見**から始まりました。産土の大

神さまは直接担当してくださる〝わが神〟であることがわかりました。

②次に産土の大神さまとの神縁によって、自宅の**鎮守の大神さま**が決まることがわかりました。派生的に「職場の鎮守の大神さま」「学校の鎮守の大神さま」が解明されました。ただし、メインはあくまで産土神社と自宅の鎮守神社になります。

産土の大神さまは産土神社を拠点にして、本人の祈りや加護の必要に応じて、本人の産土の守護曼荼羅に参加して、守護と後押しをしてくださいます。鎮守の大神さまも同様に鎮守神社を拠点にして、本人の祈りや必要に応じて、守護曼荼羅に参加して、守護と後押しをしてくださいます。したがって、神社参拝だけでなく、日頃から自宅でご開運の祈りをして、具体的に目標を言霊として発することが大切です。

③ある個人セッションで、受講者の本体神である**直霊の大神さま**をお呼びしたところ、本当に来られました。神さまによりますと、「自分の本体である神がいることは、昔から認識していた人間たちはいました。あなたもそれに気づいたのです」ということでした。

④さらに、「陰陽論からすると〝産土のご本尊さま〟がおられるのではないか」という仮説を考えました。そこで、ご来臨をお願いしたところ、すぐに産土の守護仏さまが来られました。産土の守護仏さまは本人のすぐ背後で守護してくださっていることがわかりました。産土の守護仏さまは前世以前から守護しておられる仏尊でした。

産土の守護仏さまは、どこかの仏閣に仏像として祀られているわけではありませんが、自分の仏教宗旨に縁ある仏尊さまです。というよりも、産土の守護仏さまの縁で、今世の仏教宗旨になっています。

⑤古神道の秘言「トホカミヱミタメ」とは、「遠津《とおつ》御《み》祖神《おやのかみ》、笑《ゑ》み給《たま》へ」という意味です。特別セッションで**遠津《とおつ》御《み》祖大神《おやのおおかみ》さま**をお呼びする機会がありました。お呼びしたところ、遠い宇宙におられる神さまでした。ご来臨《らいりん》された遠津御祖大神さまは根源的な大神さまで、守護の神仏を統括している存在だとわかりました。

⑥その流れで**遠津《とおつ》御《み》祖神《おやのかみ》さま**をお呼びしたところ、遠津御祖神さまも遠い宇宙から来臨されました。その時、遠津御祖大神さまの四魂が遠津御祖神さまだということがわかりました。

⑦最後に、**御祖《みおや》の大神さま**をお呼びしました。ご来臨された御祖の大神さまはとてもお優しい神さまでした。御祖の大神さまは遠津御祖神の四魂の分身になることがわかりました。

つまり、「遠津御祖大神さまの分身」が遠津御祖神さまであり、「遠津御祖神さまの分身」が御祖の大神さまとなり、この三神を総称して「トホカミヱミタメ」というのです。

古神道の最高神言・先天の三種の大祓（２４６ページ）の中で、「トホカミヱミタメ」

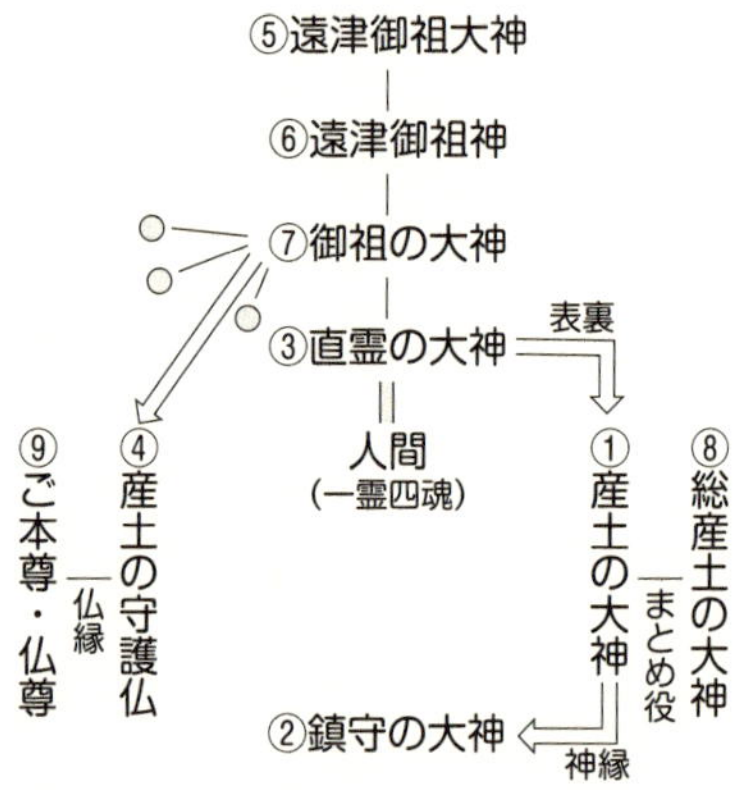

①〜⑨は解明された順番

と称《とな》える際、この偉大な神々を意識して称えることが、開運効果を増すのです。御祖の大神さまはその人のことをトータルで親身になって見てくださる神さまです。御祖の大神さまは『古事記』や『日本書紀』にも登場しません。御祖の大神からの守護の神仏システムは世界共通で、名前が違うだけだといいます。

　祈り詞で重要なのは、御祖の大神さまの次に、「わが一霊四魂」がきていることです。内なる神性・一霊四魂のご開運を祈ることが重要です。

　産土の守護曼荼羅のご存在たちの加護も、自分の一霊四魂の輝きに比例します。したがって、自神拝や自己信頼開運法が重要になります。

⑧産土の大神をまとめる神として、**総産土《そううぶすな》の大神さま**がいます。

⑨産土の守護仏さまのご縁で、わが家に連なるご本尊さま・仏尊さま・仏尊配下の神々さまが決まることがわかりました。

霊人界からは、守護霊さま、指導霊さま、高級守護先祖霊団が守ってくださっています。これらのご存在たちを総称して、「産土の守護曼荼羅のご存在たち」と認識して祈ることで、大いなる加護をいただけることがわかったのです。

人生の方向性を「開運し、豊かになること」に置き、その方向に向かって歩む

一霊四魂の願いは、あなたが成長し、自分自身の天命を歩んでほしいということです。一霊四魂には天命（天との約束、人生の目的）を歩みたい、地命（自己との約束、前世で足りないことを今世で補う）を果たしたいという願いがあります。

自分の一霊四魂と意識にだいぶギャップがある人は、物事がうまくいきません。努力していても結果が出ていない人は〝方向性〟が違う場合があります。

本人の「一霊四魂の願い」と違う方向に努力していますと、〝綱引き状態〟になり、立ち往生してしまうのです。**一霊四魂の願いと同じ方向を歩むと、願望の実現力が上がり、運もよくなります**。

「とってもありがたいわが一霊四魂の願いをわが願いとして、わが一霊四魂と同じ方向に向いて、人生を歩んでいきます！」と宣言し、一霊四魂の願いに耳を傾けること

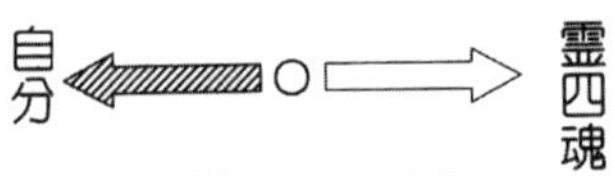

綱引きで立ち往生

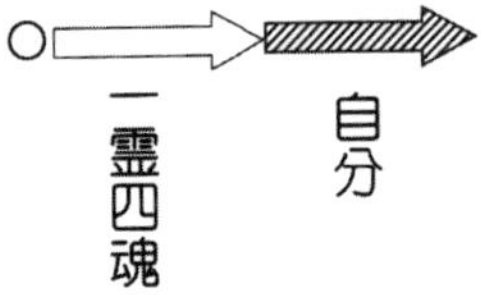

開運人生になる

が大切です。一霊四魂はこっちの方向に行きたいと思っているのに、自分は反対の方向に行こうとすると、運命が開かないのです。

一霊四魂と意識のギャップがない状態が「悟り」です。「おのれの向上心をわが師匠とせよ」「わが一霊四魂がわが師である」というのが大事な点です。

開運カウンセリングをしていると、そんなふうに考えて行動したら確実にダメになるということを、「正しい」「よかれ」と思って一所懸命行っている人がいます。そういう人には「あなたの発想は逆ですよ」と話すところから、スタートすることがしばしばあります。

失敗の多い人は、「正しいと思う発想や行動」が、逆に「失敗に向かう発想や行動」になっていないかを反省してみる必要があります。「正しいかどうか」で判断せず、**「それをしたら開運し、豊かになるかどうか」という方向に価値観を定める**ことが大切です。

方向性が間違っていると、努力すればするほど逆の結果になります。世の中には自分の能力や手段にばかり気をとられ、方向性（方針）が違う人が多いのです。たとえば、自爆テロのように、自分の生命を犠牲にしてまで正しいと信じて行った行為が、逆に世界をより混迷に陥らせている例などもそうでしょう。

私たちの行動で、努力のわりに結果が出ていない時は、方向性そのものを見直すことが大切です。方向さえ合っていれば、歩みはスローでも、確実に目的地に近づきます。

私は開運カウンセリングで、この方向性を重視したアドバイスをしています。人生の方向性の基準を「開運し、豊かになること」に置き、その方向に向かって歩む意識が大切だとアドバイスしています。人間が方向性を見失ったり、袋小路に陥る場合は、「手段を目的化している」ケースが多いのです。

目的や目標を明確にする方法として、**「何のためにそれを行うのか」を時々自問するとよい**でしょう。人間としての「気づき・反省・学び」が大事なのです。

また、その人の天命に合わないことでお金を儲けさせてはマズイと、「天」が判断した場合は、儲からないこともあります。私自身も独立した当初は、お金を稼ごうと思って、いろいろなことをやりました。最初はお金になったのですが、４カ月くらいで尻すぼみになりました。結局、モノになったのはカウンセリングや講座、執筆です。これが「失敗の顔をした幸運」なのです。

目を軽く閉じ、直霊のところに手を当てて、自分に問いかけます。

がんばってもうまくいかない時は、自分自身がその方向でいいのかチェックする必要があります。方向性を取り戻す方法として、時々「初心に戻る」ことも大切です。最初の志と現在の方向性にズレがないかを自己チェックすることもお勧めします。

一霊四魂と「内なる自己」の声に耳を傾けると、自分の開運能力を高めることができ、明るい未来を積極的に創ることができます。私は自神拝をしながら、自問自答という形式で「自己との対話」を始めました。すると、「自分の一霊四魂」との対話がだんだんできるようになりました。「自己との対話」とは、正解を求めるためのものではありません。

そもそも人生に正解などありません（人生に正解を求めること自体が、認知の歪みです）。「内なる自己」と対話することで、自分を見つめ直し、よりよい人生にしていくことです。「正しいか、間違いか」ではなく、「それは開運することになるか、豊かになることか」を基準にして判断します。

皆さんも自問自答の習慣をつけるとよいでしょう。

「それは開運し、豊かになることか」→「もっと開運し、ますます豊かになるために行動しよう」

「それは自分に敬意を持つことができる行動か」↓「もっと自分に敬意を持てるような行動をしよう」

「自分の人生の主導権を握っているか」↓「自分が主導権を握るには何をすればよいか」

「それは一霊四魂が喜ぶことか」↓「自分の一霊四魂が喜ぶことをしよう」

「それは自分を大切にしていることか」↓「もっと自分を大切にしよう」

「今、無理をしていないか」↓「無理はやめよう。無理をしないで、創意工夫だ」

「それは偏っていないか」↓「別のことを行って、バランスをとろう」

「それは何かを犠牲にしていないか」↓「自分よし、相手よし、社会よしになるように、智慧を出そう」

「それは事実なのか。自分の思い込みではないか」↓「事実を確認しよう」

「もっと創意工夫できることはあるか」↓「日々、創意工夫、創意工夫」

「それは自分が決めたことなのか」↓「最後は自分が決めよう」

21回「日拝」「月拝」開運法で、一霊四魂・チャクラと産土の守護曼荼羅のご存在たちをパワーアップ

「産土」が大地の霊性であるのに対して、「日拝《にっぱい》」は太陽の大神さま・太陽王如来さまのパワー、「月拝」は月の大神さま・月天王《がってんおう》如来さまの癒しのエネルギーをいただく方法です。天と地の恵みを受けることが開運の原動力になります。

地球上の生命はみな太陽によって生かされています。その太陽の根本神を「太陽の大神さま」と申し上げます。人間は「地球の子」であると同時に、「太陽の子」でもあります。彦とは「日子《ひこ》」であり、姫は「日女《ひめ》」です。

太陽王如来さまは太陽の大神さまの〈陰のご存在〉であり、働きに対するお名前です。仏教の大日如来さまと似た概念ですが、大日如来さまは宇宙の真理のようなイメージがあるので、太陽王如来さまは太陽そのものの如来というイメージです。

「日拝」はケガレを祓い、生命力を増強させます。開運法は日拝行と組み合わせることで、相乗効果があります。特に開運したい時は連続して行うと効果的です。

「自分の一霊四魂とおかげさま」にしっかり太陽の大神さま・太陽王如来さまのご神徳・ご仏徳をいただきましょう。日拝は自分のケガレを祓うだけでなく、**自分の一霊**

四魂や産土の守護曼荼羅のご存在たち、オーラそのものを光り輝かせ、パワーアップさせることができます。

近年、日拝に対する認識がさらに深まったことで、「太陽の大神さま・太陽王如来さまの日拝」というバージョンを編み出しました。日拝は日の出が最も効果が高いのですが、日の出でなくても十分効果がある方法を指導しています。

〔21回「太陽の大神さま・太陽王如来さま」の日拝の実践法〕

太陽が出ている日に、21回日拝を行います。真夏日は熱中症にならないために日拝はしないでください。太陽を直接見ますと、目を傷めることがありますので、視線はやや下方に落とします。

一言一句同じように言わないといけないわけではありません。このような趣旨でやればよいと理解してください。まず太陽に向かって、二拝二拍手一拝をします。

「おかげさまで、ありがとうございます。宇宙の大いなる意志、大調和に基づく天命もちて、とってもありがたい太陽の大神さま・太陽王如来さまのいやますますのご開運をお祈り申し上げます。とってもありがたい太陽の大神さま・太陽王如来さま、ご神徳・ご仏徳をいっぱいいただきたく、お願い申し上げます」

両手を拡げて、指はドッジボールをつかむような感じで、太陽に向けます。次のように心で念じます。

「わが一霊四魂とチャクラ、わが産土の守護曼荼羅のご存在たち、太陽の大神さま・太陽王如来さまのご神徳・ご仏徳をいっぱいいただきましょう。ご神徳・ご仏徳が流れ入る、流れ入る。ああ、ありがたし、ありがたし」

それから後ろを向いて、背面からもご神徳・ご仏徳をいただきます。最後に太陽の方を向いて、感謝の言葉を述べます。

「とってもありがたい太陽の大神さま・太陽王如来さま、ご神徳・ご仏徳をいっぱいいただきまして、まことにありがとうございました」

〈21回「月の大神さま・月天王如来さま」の癒しの月拝の実践法〉

月が出ている夜に、21回月拝を行います。月のエネルギーは癒しの力があります。「太陽の活力」と「月の癒し」で、セットになります。次のような趣旨でやればよいと理解して、行ってください。

まず月に向かって、神社の参拝の時のように二拝二拍手一拝をし、次の祈り詞を称えます。

「おかげさまで、ありがとうございます。宇宙の大いなる意志、大調和に基づく天命もちて、とってもありがたい月の大神さま・月天王如来さまのご開運をお祈り申し上げます。とってもありがたい月の大神さま・月天王如来さま、ご神徳・功徳をいっぱいいただきたく、よろしくお願い申し上げます」

月天王如来さまは月の大神さまの〈陰のご存在〉です。仏教の月天《がってん》さまは、仏教の護法善神《ごほうぜんしん》である「天部の神々」です。私は月そのものの如来ということで、月天王如来さまとお呼びしています。両手を拡げて、月の大神さま・月天王如来さまのご神徳・ご仏徳を身体、周囲にも取り入れるというイメージで行うと効果が倍増します。

最後に感謝の言葉を述べます。

「産土の守護曼荼羅」を強化して、運をよくし、カルマを受けにくくする

ここで、「産土の守護曼荼羅」を強化し、運をよくし、カルマを受けにくくする方法を列挙しましょう。「自分の人生の主導権は、自らが握る」と決意した後に、次のことを積極的に行うとよいでしょう。

（1）自神拝を行うことです。「産土の守護曼荼羅のご存在たち」からより強く守護していただくには、自分の一霊四魂を光り輝かせることです。ここに、自神拝の大き

ップします。

な意味があります。

（2）「日拝・月拝」で、一霊四魂と「産土の守護曼荼羅のご存在たち」をパワーアップします。

（3）笑顔であること、朗らかであることです。**いつも笑顔でおり、朗らかであることはポジティブなカルマを積む**ことなので、意識的にやるとよいでしょう。

（4）「神・仏・先祖」の産土開運法を行い、大いなる守護をいただくことです。また、神棚・お墓・仏壇の開運祭祀は、悪しきカルマを受けにくくします。

（5）「開運吉祥・和楽繁栄の開名」です。生まれた時の名前は前世からのカルマを象徴しています。開名したら、悪しきカルマがなくなるわけではありませんが、悪しきカルマを受けにくくはなります。

「開運吉祥・和楽繁栄の名前」を常に意識して、それに自分を合わせていくことが、その人の開運にもなります。神仏の守護が高まり、カルマを受けにくくなります。同時に、開名は波動のバリアー（結界）をつくり、憑依《ひょうい》されにくくなるのです。

（6）感謝の言葉や祝福する言葉をよく使うことです。自分や一切の生きとし生けるものに、「敬意と感謝の言葉」を使うとよいでしょう。

最高のよき言霊は、「おかげさまでありがとうございます」「すばらしい！」「私は運がいい」「あっぱれだ」です。その波動によって、悪しきカルマを受けにくくなります。笑顔で感謝や祝福の言葉を言うと、福を呼ぶことになります。言葉もカルマなのです。悪しき言葉を使ったら、それを祓わないといけません。

古神道には「言向《ことむ》け和《やわ》す」という言葉があります。「諸々《もろもろ》の禍事《まがごと》を言向け和す！」と言って、祓いましょう。

（7）寛容の心、平和な心を持つことです。寛容の心は敵をつくらず、自分を助けます。最も悪しきカルマは戦争、暴力であり、それらは争いの心、憎む心、怨む心から発します。平和な心を持つことが、争いのカルマを受けにくくします。

宇宙の大いなる意志

空	**超次元世界**
道（原初）	**太元の原則界**
玄気（創造）	**原則界**
霊気（育成）	**神界・仏界**
霊気（成長）	**大霊界**
物質	**大自然界・人間界**

多くの人が、神仏を最高の存在ととらえています。しかし、私の長年の霊的世界との交流を通して、神仏界を生み出し、宇宙の摂理・法則をつかさどる**「原則界」**という世界があることがわかりました。原則界は「天帝、上帝、大帝」と表現されます。

さらに、原則界を生み出した「太元の原則界」が存在することがわかりました。この「太元の原則界」には時の太元天帝《たいげんてんてい》さま（時間の根本存在）、空《くう》の太元天帝さま（空間の根本存在）、宇宙天帝さまがおられます。

超次元世界とは「宇宙の大いなる慈愛」を放射している世界です。「宇宙の大いなる意志、超次元世界、太元の原則界、原則界」はすべて〈神仏界を超えた天〉になります。

本人の「自己観・人間観・世界観」が、人生を創っている

人間は感情によって行動しますが、認知心理学では「事柄→認知（解釈）→感情→行動」ととらえます。

たとえば、仕事で失敗したとします。ある人は「自分が失敗したのは、上司（部下、同僚）が悪い。自分はなんて運が悪いんだ」と憂うつになるでしょう。別の人は「この失敗は貴重な経験だ。教訓にして同じ失敗をしないように、前もって準備をしよう」と考えます。この過去を教訓にすることが過去を肯定する生き方です。

事柄は同じでも、認知（解釈）によって、ポジティブな感情になって前向きな行動を起こすか、ネガティブな感情になって消極的な行動パターンになるかが決まります。認知（解釈）の〝前提〟になっているのが、本人の「自己観・人間観・世界観」です。

自己信頼開運法（252ページ）や「赦しと和解の開運法」（89ページ）、「新たな誓い

前世開運法」(97ページ)は、「自己観」をポジティブなものに変え、ステージアップさせる開運法です。心のブレーキを解除して、「心の脱皮」をはかり、不自由な心を解放しましょう。

その人の「自己観・人間観」に応じて、自分の環境は形成されていきます。ポジティブな「自己観・人間観」を持つためには、自己信頼を育てる必要があるということです。

人間社会に争いや不幸が絶えないのは、行動の前提になる「自己観・人間観・世界観」に問題があるからです。重要なことは、どの「自己観・人間観・世界観」が正しいかではなく、開運吉祥・和楽繁栄の人生になり、平和な世界の基本になる「自己観・人間観・世界観・神仏観」を持つことです。

その人の世界観は、霊界の認識においても違います。唯物論の人と、輪廻転生や因果の法則を意識している人では、生き方も変わってくるのです。

江戸時代が「太平の世」だったのは、神社仏閣の神仏の力も大きい

さて、古神道も「うぶすな」も、江戸以前の信仰です。明治政府は江戸幕府を倒したので、江戸時代を封建的な時代として低い評価をしてきました。確かに江戸時代に

もさまざまな問題はありましたが、戦争を繰り返していた明治時代よりは、平和で文化的な時代だったのです。

徳川家康がつくった江戸時代は、265年にわたる太平の世（平和）でした。同時代の世界史的にも珍しく、日本人は高く評価すべきです。

家康公をはじめ徳川将軍は太平の世を築くために、江戸鎮護を目的に神社仏閣による結界《けっかい》を施していました。結界とは周囲に神仏のバリアーを張り、邪気を防ぎ、神仏の福徳をいただく方法です。家康公の政治顧問である、天台宗の天海《てんかい》大僧正を中心につくりあげました。

方位学では、鬼門《きもん》（東北）や裏鬼門（西南）は気が流れるルートとして重要視されています。たとえば、鬼門の方位にトイレなどがあると、汚い気が家に流れ、運気が下がるということです。これは家だけでなく、都市についても同様です。そこで、中心地の鬼門・裏鬼門の方位に神社仏閣を配置して、邪気を防ぎ、清浄な神気・仏気が流れ、守護を強化する場合が多いのです。

滋賀県の比叡山延暦寺《ひえいざんえんりゃくじ》と日吉大社は、京都の鬼門を護る神社仏閣になります。京都の裏鬼門が、八幡市に鎮座する石清水八幡宮《いわしみずはちまんぐう》です。

江戸（東京）の場合、江戸城（現在の皇居）の鬼門には江戸総鎮守・神田神社（千代田区外神田）、天台宗関東総本山の寛永寺《かんえいじ》（台東区上野桜木）が鎮座し、裏鬼門に

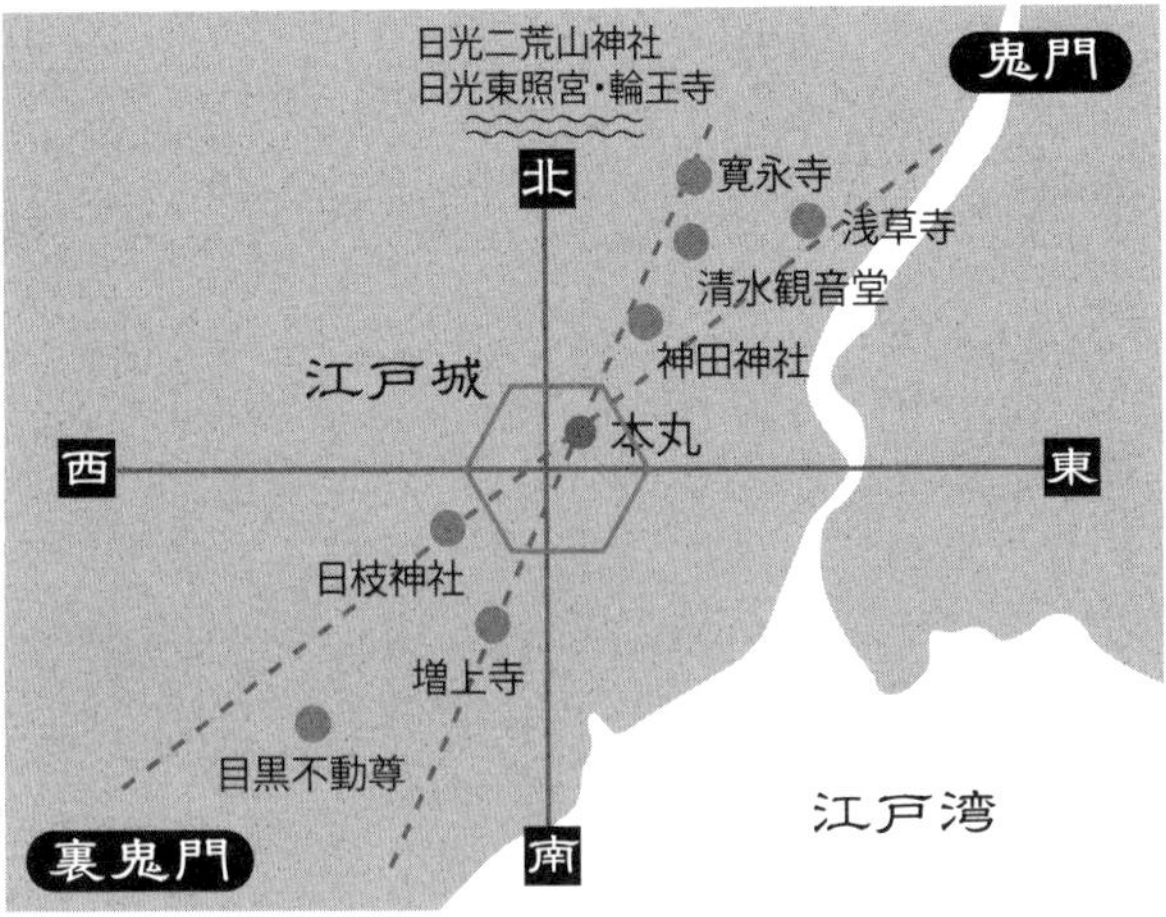

江戸の鬼門・裏鬼門を神社仏閣が守っていた！

寛永寺（東京都台東区）の根本中堂

は南江戸総鎮守ともいうべき日枝神社（千代田区永田町）、浄土宗大本山・増上寺（港区芝公園）が鎮座しています。増上寺は徳川家の菩提寺になります。

東叡山《とうえいざん》寛永寺は〝東の比叡山〟という意味で、比叡山延暦寺と同様に根本中堂《こんぽんちゅうどう》に薬師瑠璃光如来《やくしるりこうにょらい》さまを祀っています。さらに、琵琶湖の竹生島《ちくぶしま》（日本五大弁財天）を模して、不忍池《しのばずのいけ》に弁天堂を建て、京都の清水寺を模して、不忍池のそばに同じく清水観音堂を建てています。

また、裏鬼門守護として、泰叡山龍泉寺《たいえいざんりゅうせんじ》（目黒不動尊）があります。「東叡山」「泰叡山」の字を見れば、比叡山を意識していることがわかります。目黒不動尊をはじめ、五色不動尊（目赤、目白、目青、目黄）を配置して、不動尊結界にしました。

北方の栃木県日光市の下野国《しもつけのくに》一の宮・日光二荒山神社《ふたらさんじんじゃ》のそばに、日光東照宮と輪《りん》王寺《のうじ》を配置しています。日光東照宮の上空には、宇宙の中心と考えられていた北極星（北辰）が見えるようにしています。北辰の神秘力で、江戸鎮護を考えていたわけです。つまり、江戸時代が「太平の世」になったのは、神社仏閣の力もあったのです。

重要な城の近くには、このパターンの神社仏閣があります。**「鬼門守護」「裏鬼門守護」とされる神社仏閣は、その地域の重要な神社仏閣ですから、要チェック**です。

徳川家康公は内政だけでなく、外交でも平和外交を展開しました。１６０９年９月、メキシコへの航海中のスペイン船サン・フランシスコ号が暴風雨によって、千葉県の御宿《おんじゅく》沖で座礁しました。すると御宿町岩和田村の村民が総出で乗組員373名のうち317名を救出し、着物や食料を提供しました。

それが大多喜城《おおたき》（今の千葉県夷隅郡《いすみ》）主の本多忠朝《ただとも》に伝えられ、乗組員一行は大多喜城を訪れ、江戸幕府2代将軍の徳川秀忠に謁見《えっけん》しました。さらに、駿河《するが》にいた大御所・家康公とも謁見し、1610年に家康が建造させた船で、メキシコのアカプルコへ帰港しました。これが日本とメキシコの友好関係のベースになっています。

豊臣秀吉は朝鮮に出兵し、李氏朝鮮《りしちょうせん》・明連合と戦いました。秀吉の後を継いだ徳川家康は李氏朝鮮王朝にお詫びをして、友好のために「朝鮮通信使」を始めました。家康公の平和外交の手腕を、現代の政治家は見習ってほしいものです。

江戸は1721年に人口100万を超え、世界一の都市になりましたが、リサイクルが盛んで、ゴミがあまり出ない清潔な都市でした。日本文化としての歌舞伎、茶道、日本庭園、和食などは江戸時代に確立されました。江戸文化こそ、世界に向けた「観光資源」の宝庫です。

明治時代はよいところもありますが、文明開化の名のもと、江戸時代までの精神的・文化的財産の大量破壊という「3大蛮行」を行いました。「廃仏毀釈、廃城令、神社の統廃合と鎮守の森の伐採」です。大きな神社のそばにあった神宮寺も、廃寺になったケースが多いのです。

明治時代は古神道の霊性を無視して、国家神道にしていきました。明治時代以降は日清戦争、日露戦争、日中戦争、アジア太平洋戦争と戦争ばかりしています。神社仏閣の破壊と、戦争がセットになっているのがわかります。

現在、お城がブームになっています。もし明治の廃城令がなければ、全国に城がたくさん残っていて、すばらしい観光資源になっていたはずです。

人類のカルマ（業）の中で、最も悪しきものが戦争であり、「平和」という価値観こそ最優先すべき価値観です。ところが人類史では「戦争やむなし」ということで、戦争を繰り返してきました。

今後の日本は「平和、教育、エコ、リサイクル、大自然との共生、軍縮」を行った江戸時代をモデルにするのが最適でしょう。江戸モデルは「宇宙船地球号」の21世紀モデルになると私は考えています。その精神的バックにあるのが神社仏閣です。

世界が狭くなった現在、世界を「ワールド・エド」ととらえることができるのではないでしょうか。世界に向けて「平和、教育、エコ、リサイクル、脱原発、大自然との共生、軍縮」のパッケージとして、ＥＤＯ《エド》モデルを提唱するのがよいと思います。

「うぶすな」とは「生命尊重、多様性、人類みな同胞、万物同根、宇宙同根」である

「うぶすな」は大自然の〝生命の基本単位〟です。産土の大神さまは郷土そのものの神霊ですから、自分のふるさととその大自然を大切にすることが産土の大神さまを崇めることになります。このように自分の生まれたルーツを大事にすることを、「うぶすな思考」と私は呼んでいます。

地球ほど多種多様な生命にあふれた星はありません。これは地球が「うぶすな」の力が強いからです。ですから地球の大神さまに感謝する必要があります。

人類は「うぶすな」を忘れ、環境破壊、緑の喪失を加速させました。現在、地球環境の悪化が顕著になっています。近代文明はある意味で、〝煩悩《ぼんのう》の文明〟です。21世紀は人類の〝貪欲《どんよく》の結果〟として、貧困から生じるテロ・宗教紛争という憎悪を生み、環境を破壊し、異常気象を発生させています。

私たち人類は地球に生かされています。空気や動植物をはじめ、大自然の恵みなしでは生存できません。太陽は誰にでも平等に光を与えています。宇宙からみれば、地球には国境はありません。産土《うぶすな》とは自然発生的なものなのです。「うぶすな」は環境

保全、人類の平和の基本理念になります。

同胞は「はらから」とも読みます。母親の母胎（ハラ）から始まり、先祖、郷土、風土につながります。それが国土、地球、太陽系、銀河系、宇宙へと拡がります。「うぶすな」とは「生命尊重、多様性、人類みな同胞、万物同根、宇宙同根」であり、宇宙の基本原則と言えましょう。

私は「日本の天命はムスビである」と考えています。皇居の宮中三殿の「神殿」に祭られている宮中ご八神は、日本民族と人類の守護神です。

八神の中で、「高皇産霊大神《たかみむすびのおおかみ》さま、神皇産霊《かむみむすび》大神さま、生産霊《いくむすび》大神さま、足産霊《たるむすび》大神さま、玉留産霊《たまつめむすびの》大神さま」と、五神が産霊の神々です。産土もムスビです。

これらは日本の天命がムスビであることを暗示しています。東洋と西洋、精神文明と物質文明をムスブことで、大自然と共生した新たな文明が生まれます。

大自然との共生、四季の中での大自然との付き合い方に日本人の天命があります。植樹をした神話を持っているのが日本神話です。日本人は大自然との共生、緑のヨミガエリ、エコロジーで地球に貢献することができます。

日本人自身がまず、産土思考を取り戻すことが大事だと思い、本書を著しました。

付章　開運神社・聖地・霊山、前世・人間関係、「神棚・仏壇・お墓」の祭祀Ｑ＆Ａ

著者厳選！「開運する」神社仏閣・霊山・聖地

Ｑ．開運するのにお勧めの全国の神社仏閣や聖地を教えてください。
Ａ．「神・仏・先祖」三位一体の産土《うぶすな》開運法が基本ですが、それを踏まえた上で、神社仏閣や聖地を紹介します。

第１章で説明した「別宮、神体山・奥宮、地主神、元宮、祓社、両参り、鬼門・裏鬼門、奥の院」などを念頭において、お読みください。また、私が長年の研究やサニワで解明した「隠れ神仏」を交えて、独自の視点で解説しています。なお、「隠れ神仏」は私のサニワによる見解なので、それに関して神社仏閣への問い合わせはしないようにしてください。「隠れ神仏」がおられるという認識でお参りすると、よりしっかり加護を受けやすいのです。

○皇大神宮（内宮）　三重県伊勢市宇治館町

伊勢神宮は日本最高のパワースポットです。伊勢神宮は全国の天祖神社、神明宮、豊受神社の総本宮になります。皇大神宮《こうたいじんぐう》（内宮《ないくう》）と豊受大神宮《とようけだいじんぐう》（外宮《げくう》）を総称して、伊勢神宮といいます。

ご正宮《しょうぐう》には太陽神・天照大御神《あまてらすおおみかみ》さま、天照坐皇大御神和御魂《あまてらしますすめおおみかみのにぎみたま》さま、相殿《あいどの》に天手力男神《あめのたぢからおのかみ》さま、万幡豊秋津姫命《よろずはたとよあきつひめのみこと》さまがおられます。天手力男神さまは天の岩戸開きで活躍された神であり、万幡豊秋津姫命はベガ星（織女星）の天女神族です。

伊勢神宮が管理する神社は125宮社もあります。内宮の別宮では荒祭宮《あらまつりのみや》、風日祈宮《かざひのみのみや》、月読宮《つきよみのみや》、瀧原宮《たきはらのみや》、伊雑宮《いざわのみや》、倭姫宮《やまとひめのみや》が特に重要な神社です。

別宮第一の荒祭宮は天照坐皇大御神荒御魂《あまてらしますすめおおみかみのあらみたま》さまを祭っていますが、私のサニワでは、アラハバキノ大神威《オオカムイ》（北斗七星の神）さまが隠れ神です。

別宮の風日祈宮には風雨の神・級長津彦命《しなつひこのみこと》さま、級長戸辺命《しなとべのみこと》さまを祭っています。鎌倉時代の元寇《げんこう》の時に神風を吹かせたという功績で、末社から別宮に昇格しました。

渡会郡大紀町滝原に鎮座する瀧原宮は「元伊勢」でもあります。ご祭神は天照大御神御魂《あまてらしますおおみかみのみたま》さまであり、瀧原宮と瀧原竝宮《たきはらのならびのみや》があります。瀧原宮に天照大神《あまてるおおかみ》さま（原初の太陽神）、瀧原竝宮に国照大神《くにてるおおかみ》さまがいらっしゃることがわかりました。

○豊受大神宮（外宮）　三重県伊勢市豊川町

ご正宮には豊受大御神《とようけのおおみかみ》が祭られています。私のサニワでは、隠れ神として国常立《くにとこたち》大神《おおかみ》さま、国照大御神《くにてらすおおみかみ》さま、ミロク天照国照彦櫛玉饒速日大神《あまてるくにてるひこくしたまにぎはやひのおおかみ》さまがおられます。

国常立大神さまは地球神界の主宰神であり、国照大御神さまは「地底の太陽神」です。ミロク天照国照彦櫛玉饒速日大神さまはベガ星から飛来された光のミロク神です。

別宮の多賀宮《たかのみや》は豊受大御神荒御魂《あらみたま》さまを祭っています。私のサニワでは、隠れ神としてアラハバキノ大神威《オオカムイ》さまと御食津大神《みけつのおおかみ》さま（南斗六星の神）がおられます。

土宮《つちのみや》のご祭神は、「地主神」の大土乃御祖神《おおつちのみおやのかみ》さまですが、隠れ神として太古神・ツボケノ大神威《オオカムイ》さまがおられます。外宮の別宮は多賀宮、土宮、風宮《かぜのみや》、境外の月夜見宮《つきよみのみや》であり、外宮に次ぐ重要な神社です。

朝熊山《あさまやま》（555メートル）は伊勢志摩を代表する霊山です。伊勢市朝熊町の金剛《こんごう》證寺《しょうじ》は伊勢神宮の「鬼門を護る寺」といわれ、「神宮の奥の院」とされます。

金剛證寺のご本尊さまの福威智満虚空蔵大菩薩《ふくいちまんこくうぞうだいぼさつ》さまは「日本三大虚空蔵菩薩の第一位」といわれています。ご本尊は秘仏で、伊勢神宮の式年遷宮の翌年に20年に一度御開帳するということです。

金剛證寺の手前の明星堂《みょうじょうどう》には「日月星の仏尊を祀る」と書いてあります。明星堂の山頂付近には八大龍王社があります。

○伊雑宮《いざわのみや》　志摩市磯部町上之郷

内宮の別宮であり、志摩国一の宮とされます。天照大御神さまの遙宮《とおのみや》と呼ばれ、ご祭神は天照坐皇大御神御魂《あまてらしますすめおおみかみのみたま》さまになっています。「外宮・内宮・伊雑宮」で伊勢三宮と呼ばれます。私のサニワでは、隠れ神として、原則界と神仏界をまたぐ「尊星王《そんじょうおう》さま」という北辰（北極星を中心とした領域）の偉大なご存在がおられます。

毎年6月24日の伊雑宮の御田植祭は「日本三大御田植祭」とされ、重要無形民俗文化財に指定されています。御田植祭では「太一」（北辰の意味）と書いた幟《のぼり》を掲げます。御田植祭には「七匹の龍が的矢湾から川をさかのぼって、伊雑宮の大御田橋まで昇ってくる」という言い伝えがあります。これは北斗七星を暗示しています。

○出雲国一の宮・出雲大社　島根県出雲市大社町

出雲大社は全国の大国主大神《おおくにぬしのおおかみ》さま、大己貴命《おおなむちのみこと》さまを祭る神社の総本宮になります。

出雲大社の主祭神は大国主大神さまであり、別名は所造天下大神《あめのしたつくらししおおかみ》、幽冥主宰大神《かくりごとしろしめす》、大己貴命、天下地主神《あめのしたとこぬしのかみ》をはじめ87神名にのぼります。

「御客座《おきゃくざ》」に別天神《ことあまつかみ》五神である天之御中主神《あめのみなかぬしのかみ》さま、高御産巣日神《たかみむすびのかみ》さま、神産巣日《かみむすび》神《かみ》さま、宇摩志阿斯訶備比古遅神《うましあしかびひこじのかみ》さま、天之常立神《あめのとこたちのかみ》さまが祭られています。別天神とは「別格の天の神々」という意味です。

伊勢神宮内宮（皇大神宮、三重県伊勢市）

伊勢神宮外宮（豊受大神宮、三重県伊勢市）

出雲大社は往古（古代）32丈（96メートル）、中古（中世）16丈（48メートル）、現今8丈（24メートル）と伝えられます。出雲大社の背後には神体山の八雲山《やくもやま》、亀山《かめやま》、鶴山《つるやま》があります。東方には山頂部がピラミッド型になった弥山《みせん》があり、私のサニワでは、隠れ神としてアラハバキノ大神威《オオカムイ》さまがおられます。

摂社九社の中では、命主社《いのちぬしのやしろ》と出雲井社《いずもいのやしろ》が特に重要です。命主社《いのちぬしのやしろ》は出雲大社の東側約200メートルに鎮座しています。

ご祭神は神皇産霊神《かみむすびのかみ》さまで、後ろが真名井《まない》遺跡といって、勾玉《まがたま》や銅戈《どうか》などが出土しています。出雲井社のご祭神は岐神《くなどのかみ》さまとされていますが、私のサニワでは、隠れ神仏としてツボケノ大神威さまと虚空蔵菩薩《こくうぞうぼさつ》さまがいらっしゃいました。

稲佐浜《いなさのはま》は出雲大社の西方にある砂浜で、神在月《かみありづき》（旧暦の10月）に出雲大社の神職たちが龍蛇《りゅうじゃ》神のウミヘビの燻製《くんせい》を龍蛇神に見立てて、それを先導して、出雲大社にお連れする聖地です。福の神・大国主大神さまの系統は、武蔵国一の宮・氷川《ひかわ》神社や遠江国一の宮・小國《おくに》神社、日向国一の宮・都農《つの》神社の大己貴命さまをはじめ、全国一の宮の中でも祭られていることが多いです。

○美保神社　島根県松江市美保関町

美保神社は「えびす様の総本宮」であり、「出雲大社だけでは片参り」といわれま

伊勢内宮の別宮・伊雑宮
（志摩国一の宮、三重県志摩市）

出雲大社（島根県出雲市）の拝殿

す。大社造りの本殿が二つ並んで、三《み》穂《ほ》津《つ》姫命《ひめのみこと》さまと事代主神さまを祭っています。

三穂津姫大神さまはタカミムスビノ大神さまの姫神で、ダイコクさまの大国主大神さまの后《きさき》神です。二つの本殿の間に「装束《しょうぞく》の間」という場があり、末社として大后社《きさいのやしろ》、姫子社《ひめこのやしろ》、神使社《かみつかひのやしろ》が鎮座しています。

私のサニワでは、神使社にはアラハバキノ大神威さまが隠れていました。美保湾を挟んで対面する形で、客人《まろうど》山があり、ここにミホツヒメノ大神さまが降臨したと伝承されています。客人山の近くに幸魂社《さきたましゃ》があって、山裾《やますそ》に地主社があります。美保崎《みほざき》には「沖之御前《おきのごぜん》、地之御前」の遥拝所があります。昔から、「沖之御前付近の海底から神楽《かぐら》の音が聞こえる」という伝承があります。

○須佐神社　島根県出雲市佐田町

須佐神社はスサノオノ尊さまの総本宮です。本殿の背後に、樹齢1200年の杉のすばらしいご神木があります。私のサニワでは原則界の尊星王上帝《そんじょうおうじょうてい》さまに近い宇宙存在がおられます。対面した位置に摂社の天照社があり、龍神《りゅうじん》祠《し》（蛇塚）があります。小さな鳥居と幣立《へいたて》があって、前に蛇の燻製があります。

私のサニワでは、シュメールの地の大神、豊穣の神であるアヤさまが隠れています。アヤさまは国常立大神さまの分身です。

スサノオノ尊さまの総本宮は須佐神社、京都市の八坂神社、愛知県津島市の津島神社、さいたま市の武蔵国一の宮・氷川神社の4系統があります。ちなみに氷川神社は出雲の簸川《ひかわ》から来ており、出雲族が関東まで進出していることがわかります。

○吉田神社の大元宮《だいげんぐう》　京都市左京区吉田神楽岡《かぐらおか》

859年に、奈良市の春日大社の神々を勧請《かんじょう》したことに始まります。吉田家は神道の二大家元です。室町時代末期に吉田兼倶《かねとも》が吉田神道を創始して、1484年、応仁の乱から始まる「乱世」を鎮める神社として、斎場所《さいじょうしょ》大元宮を建立しました。

中央の「大元尊神《だいげんそんしん》」を祭る八角形のご本殿は重要文化財になっています。私のサニワでは、大元宮のご本殿には地球神界の主宰神である国常《くにとこ》

吉田神社（京都府京都市）の大元宮

立大神《たちのおおかみ》さまと、宮中ご八神が隠れています。

東国の延喜式内社（平安時代に編纂された延喜式の神名帳に載っている神社）と西国の延喜式内社、全部で312社の天津神国津神、八百万の神を祭っています。つまり、全国の主要神社を祭っている特殊な神社です。

○元伊勢皇大神社《もといせこうたいじんじゃ》の日室嶽《ひむろだけ》　京都府福知山市大江町

元伊勢皇大神社は「元伊勢（伊勢神宮の元宮）」とされますが、本来は日室嶽（岩戸山）を拝する神社です。禁足地《きんそくち》の神体山・日室嶽は標高427メートルの秀麗なピラミッド型の山で、「一願成就」の山として有名です。

私のサニワでは、日室嶽に、ベガ星（織女星）の太陽神・天日狭霧国日狭霧尊《あめひさぎりくにひさぎりのみこと》さまが隠れていることがわかっています。『先代旧事本紀《せんだいくじほんぎ》』という『古事記』『日本書紀』以外の神話体系に登場する神さまです。

○岩木山神社　青森県弘前市

岩木山は「津軽富士」と呼ばれ、秀麗な姿をした霊山です。津軽国一の宮・岩木山神社のご祭神は顕国魂大神《うつしくにたまのおおかみ》さま、多都比姫神《たつびひめのかみ》さま、宇賀能売神《うがのめのかみ》さま、大山祇神《おおやまづみのかみ》さま、坂上田村麻呂命《さかのうえのたむらまろのみこと》さまです。顕国魂大神さまは津軽の国魂になります。

元伊勢皇大神社（京都府福知山市）の日室嶽

私のサニワでは、隠れ神として国常立大神さま、アラハバキノ大神威さま、ツボケノ大神威さまがおられます。

岩木山は「岩木山・鳥海山・巖鬼《がんき》山《さん》」の3つの峰で構成されています。780年に岩木山の山頂に社殿をつくり、800年、征夷大将軍の坂上田村麻呂が再建しました。そして、十腰内《とこしない》に下居宮《おりいみや》（里宮）をつくり、山頂を奥宮にしたといわれています。

弘前市十腰内の巖鬼山《がんきさん》神社が元宮になります。ご祭神は大山祇神さまですが、私のサニワでは、隠れ神として国常立大神さまがおられます。

○金華山《きんかさん》黄金山《こがねやま》神社　宮城県石巻市

金華山は島全体が黄金山神社の神域となっています。黄金山神社のご祭神は金山毘古神《かなやまひこのかみ》さま・金山毘売神《かなやまひめのかみ》さま、天神《あまつかみ》八百万神《やおよろずのかみ》、地神《くにつかみ》八百万神です。金の神を祭るため、「三年続けてお参りすれば、一生お金に困ることはない」という言い伝えがあります。

山頂の奥殿には大海祇《おおわだつみ》神社が鎮座しています。ご祭神は大綿津見神《おおわだつみのかみ》さま（海の主宰神）と市杵島姫大神《いちきしまひめのおおかみ》さま（宗像三女神《むなかたさんじょしん》）が祭られています。金華山は「日本五大弁財天」の一つです。宗像三女神の市杵島姫大神さまは、陰の名前は弁財天さま（財運の仏尊）になります。

仙台市若葉区に「陸奥《むつ》国分寺」「陸奥国分尼寺」があります。宮城県の場合、塩竈《しおがま》市に鎮座する陸奥国一の宮・鹽竈《しおがま》神社・志波彦《しわひこ》神社・御釜《おかま》神社（元宮）、多賀城市に鎮座する陸奥国総社宮、陸奥国分寺・陸奥国分尼寺にお参りするとよいでしょう。

○筑波山神社　茨城県つくば市

筑波山を神体山にしている筑波山神社のご祭神は、イザナギノ大神さま、イザナミノ大神さま、天照大御神さま、スサノオノ尊さま、月読尊さま、蛭子尊《ひるこのみこと》さままでです。私のサニワでは、筑波山の山頂の男体山《なんたいさん》、女体山《にょたいさん》には陰陽のムスビの神であるタカミムスビノ大神さま、カミムスビノ大神さまのお二方が隠れています。

「筑波山・加波山《かばさん》・足尾山《あしおさん》」で三霊山になります。加波山に天之御中主大神《あめのみなかぬしのおおかみ》さま、足尾山に国常立大神さまという形になっています。

○常陸国《ひたちのくに》一の宮・鹿島《かしま》神宮　茨城県鹿嶋市

鹿島神宮の主祭神は武甕槌大神《たけみかづちのおおかみ》さまで、大国主大神さまに国譲りをさせた武神です。ギリシャでは雷神ゼウスさまになります。鹿島神宮の近くには「高天原」という地名もあり、一帯が聖地だったことがわかります。

拝殿の前に摂社の高房《たかふさ》神社が鎮座しています。この高房神社のご祭神は建葉槌神《たけはづちのかみ》さまというタケミカヅチノ大神さまの家来神です。まず、この神さまにお取り次ぎをいただくと、願いがかないやすいとされます。

本殿から奥へ進みますと、タケミカヅチノ大神荒御魂《あらみたま》を祭る奥宮があります。鹿島神宮で最も強力なパワースポットとされます。奥宮から下り坂を下ると御手洗池《みたらしいけ》があります。奥宮から進むと要石《かなめいし》（御座石《ございし》）があります。「鹿島ノ本宮」が、潮来《いたこ》市大生《おおう》に鎮座する大生《おおう》神社です。鹿島神宮が「顕《けん》（表に現れた世界）」で、大生神社が「幽《ゆう》（隠れた世界）」になります。

「鹿島・香取《かとり》」と称される鹿島神宮と、千葉県香取市に鎮座する下総国一の宮・香取神宮は両参りするとよい神社です。平安時代に神宮と呼ばれていたのは、伊勢神宮、

常陸国一の宮・鹿島神宮（茨城県鹿嶋市）奥宮

鹿島神宮、香取神宮だけであることからも、格式の高さがわかります。

　香取神宮の元宮は側高《そばたか》神社になります。香取神宮を「顕」とすると、側高神社が「幽」になります。また、「鹿島神宮、香取神宮、息栖《いきす》神社」に参拝することを三社参りといいます。息栖神社は茨城県神栖市息栖に鎮座しています。ご祭神は岐神《くなどのかみ》さま、天鳥船神《あめのとりふねのかみ》さまです。岐神は私のサニワではアラハバキノ大神威さまのことです。

○千葉神社　千葉市中央区

　千葉神社には天之御中主大神《あめのみなかぬしのおおかみ》さま、経津主神《ふつぬしのかみ》さま、日本武尊《やまとたけるのみこと》さまが祭られています。経津主神さまは香取神宮の主祭神です。

千葉神社は日本初の重層社殿で、二階建てになっています。二階拝殿を「北斗殿」、一階拝殿を「金剛殿」と称し、厄除《やくよけ》開運・八方除・身上安全のご神徳をいただけます。社号額が「妙見《みょうけん》」で、分霊社は「尊星殿《そんじょうでん》」とあります。由来書には「天之御中主大神、またの名を妙見尊星王《みょうけんそんじょうおう》」とあります。天之御中主大神さまは北辰《ほくしん》の神であり、「妙見」「尊星王」とも称されます。

北辰とは北極星そのものではなく、北極星を中心とした領域です。太陽系は太陽を中心に惑星・準惑星・衛星で構成されていますが、北辰とは北極星を中心とした「北極星系」とそれに深く関係する星系の総称です。

尊星殿の中央の「福徳殿」は、妙見尊星王の分霊を奉斎しており、気学・風水学と深い関わりがあります。真ん中が妙見尊星王で、「乾宮《けんきゅう》、兌《だ》宮、離《り》宮、震《しん》宮、巽《そん》宮、坎《かん》宮、艮《ごん》宮、坤《こん》宮」というように、八方をそれぞれ拝めるようになっています。古神道の最高神言「先天の三種の大祓」の八卦《はっか》の大祓と同じになっています。

○生島足島神社《いくしまたるしまじんじゃ》　長野県上田市下之郷

生島足島神社は日本中央の地であり、日本の国魂《くにたま》（国土を護《まも》る神）を祭ります。御《み》扉《とびら》の奥の内殿《ないでん》には床板がなく、大地そのものがご神体として祭られています。また、ご本殿は周りを池に囲まれた〝島〟に鎮座しており、橋で結ばれています。ご祭神は

生島足島神社（長野県上田市）

生島大神さま・足島大神さま、建御名方富命《たけみなかたとみのみこと》さまです。

生島大神は生国魂大神《いくくにたまのおおかみ》、足島大神は足国魂大神《たるくにたまのおおかみ》とも称されます。別名、イクムスビノ大神・タルムスビノ大神といい、日本民族、人類を守護する宮中ご八神です。

私のサニワでは、隠れ神として、残りの宮中ご八神もおられます。

生島足島神社のご本殿左手に末社・十三社が鎮座しています。禊《みそぎ》十三神がおられます。禊ぎ祓いの神々の多くは「人類の罪穢《つみけが》れを祓い清めてくださる重要な神々」であると同時に、「黄泉国《よみのくに》（死後の世界）からの救済神」でもあります。

○越中国一の宮・雄山《おやま》神社　富山県中新川郡立山町

戸隠神社（長野県長野市）中社

立山《たてやま》は富士山・白山とともに、「日本三大霊山」とされます。越中国一の宮・雄山神社は霊峰・立山を神体山として、立山山頂に峰本社《みねほんしゃ》（奥宮）、中宮祈願殿、前立社壇《まえだてしゃだん》（里宮）の三社一体になっています。

岩峅寺《いわくらじ》という場所にある雄山神社のご祭神は国生みの神・伊邪那岐神《いざなぎのかみ》さまと天の岩戸開き神話で活躍した天手力雄神《あめのたぢからおのかみ》です。立山の室堂《むろどう》にある玉殿岩屋《たまどのいわや》には天の岩戸伝説があります。

○戸隠《とがくし》神社　長野市戸隠

天の岩戸開き神話の「岩戸」が飛んで行ったのが戸隠山《とがくしやま》とされます。戸隠神社は「天照大神さまの天の岩戸開き」で活躍された神々を祭っています。

奥社のご祭神は天手力雄命さま、中社は天八《あめのや》意思兼命《こころおもいかねのみこと》さま、火之御子社《ひのみこしゃ》は天鈿女命《あめのうずめのみこと》さま、

ます。

宝光社は天表春命《あめのうわはるのみこと》さまです。

奥社の左側には「地主神」である九頭龍大神《くずりゅうおおかみ》さまを祭る九頭龍神社が鎮座しています。

○多賀大社　滋賀県犬上郡多賀町

多賀大社のご祭神は国生みの夫婦神である伊邪那岐大神《いざなぎのおおかみ》さま、伊邪那美大神《いざなみのおおかみ》さまです。私のサニワでは、隠れ神として造化《ぞうか》三神（天と地ができたとき、高天原に成り出られた三柱の神で、古神道では北辰の神々とされる）、スサノオノ尊さまがおられます。

古神道に「日本龍体説」があります。日本の形が巨大な龍神に似ているという説で、北海道が頭、本州が胴体、紀伊半島と四国が後ろ足、九州・奄美諸島・琉球諸島が尻尾になるというものです。

琵琶湖は大龍神の子宮であり、淡路島は男根になっており、陰陽ペアです。淡路島には淡路国一の宮・伊弉諾《いざなぎ》神宮が鎮座し、伊弉諾尊《いざなぎの》さま・伊弉冉尊《いざなみの》さまを主祭神にしています。伊弉諾神宮は伊弉諾尊さまの「幽宮《かくりのみや》」（最終的宮殿）とされます。

○佐久奈度《さくなど》神社　滋賀県大津市

佐久奈度神社のご祭神は祓戸《はらへど》の大神さまと大山咋神《おおやまくいの》さまです。祓戸《はらへど》の大神とは

「瀬織津比売大神《せおりつひめのおおかみ》さま、速開都比売大神《はやあきつひめの》さま、速佐須良比売大神《はやさすらひめの》さま」のことです。古神道の最高祝詞「大祓詞《おおはらへのことば》」の発祥地が佐久奈度神社であり、祓戸の大神さまの総本宮です。

佐久奈度神社の近くには、妙見山があります。妙見とは北辰（北極星を中心とした領域）のことです。気吹戸主大神《いぶきどぬしの》さまは私のサニワでは、滋賀県と岐阜県にまたがる伊吹山《いぶきやま》の隠れ神でもあります。

◯大和国一の宮・大神神社《おおみわ》　奈良県桜井市

大神神社のご祭神は大物主大神《おおものぬしのおおかみ》さま、大己貴神《おおなむちのかみ》さま、少彦名神《すくなひこなのかみ》さまであり、三輪山《みわやま》には私のサニワでは、隠れ神として国常立大神さまがいます。大神神社の由緒によれば、神代にオオナムチノ命（大国主神）が自らの幸魂・奇魂を三輪山に鎮め、祭ったのが起源とされます。

本殿はなく、拝殿の奥にある三ツ鳥居を通してご神体である三輪山を拝むという原初の形態を残しています。禁足地・三輪山には、巨石を使った祭祀跡があります。摂社・狭井《さい》神社は大物主大神さまの荒魂を祭っており、私のサニワでは、隠れ神としてアラハバキノ大神さまがおられます。荒魂を祭る神社はアラハバキノ大神威さまが隠れている場合が多いです。左手奥に「薬井戸《くすりいど》」があって、万病に効くというご神水が湧き出ています。

三輪山には元伊勢の檜原《ひばら》神社が鎮座しています。第10代の崇神《すじん》天皇の代に、それまで大和国の皇居内にあった三種の神器のヤタノ鏡とアメノムラクモノ剣を、同床共《どうしょうきょう》殿《でん》では恐れ多いということで、三輪山に祭りました。

それが三輪山中の檜原神社（最初の元伊勢）になります。私のサニワでは、檜原神社には隠れ神として、天照国照彦櫛玉饒速日大神《あまてるくにてるひこくしたまにぎはやひのおおかみ》さまがおられます。

第11代の垂仁《すいにん》天皇の時代にかけて、元伊勢は何カ所か転々として、最後に倭姫命《やまとひめのみこと》さまが伊勢神宮を創建したというのが伝承です。「元伊勢」と呼ばれる伊勢神宮の元宮は重要な神社が多いのです。

○春日《かすが》大社　奈良市春日野町

全国の春日神社の総本宮が春日大社です。ご祭神は、第一殿が常陸国一の宮・鹿島神宮から迎えた武甕槌命《たけみかづちのみこと》さま、第二殿が下総国一の宮・香取神宮から迎えた経津主《ふつぬしの》命《みこと》さまです。第三殿の天児屋根命《あめのこやねのみこと》さまと第四殿の比売神《ひめがみ》さまは河内国一の宮・枚岡《ひらおか》神社から迎えて、768年に創建されました。比売神とは天美豆玉照比咩大神《あめのみずたまてるひめのおおかみ》さまで、祝詞《のりと》の神である天児屋根大神さまの妃神です。

春日大社の第二鳥居のそばに祓戸《はらへど》神社が鎮座しています。また、本殿回廊に「地主神」である榎本神社が鎮座しています。榎本神社は猿田彦命を祭っていますが、私が神さまにうかがいますと、地主神は「大物主奇甕玉大神《おおものぬしくしみかたまのおおかみ》（大物主大神）」さまだということです。春日山（御蓋山《みかさやま》）に国常立大神さまと地主神・オオモノヌシクシミカタマノ大神さまがおられました。

若宮のご祭神は天押雲根大神《あめのおしくもねのおおかみ》さまで、天児屋根大神の息子とされます。末社の金龍神社は金龍大神さまで、「金運の神社」として知られています。

私の調査ではもと禁裏《きんり》殿であり、後醍醐天皇が鎌倉幕府を打倒するために誓約《ウケヒ》をした神社です。ウケヒとは人間が神仏と誓約をすることで、大いなる力をいただく秘儀です。金龍神社のご祭神をうかがったら、隠れ神に宮中ご八神がおられるということでした。

○熊野三山　和歌山県

熊野三山は熊野那智《なち》大社（那智勝浦《かつうら》町）、熊野速玉《はやたま》大社（新宮《しんぐう》市）、熊野本宮《ほんぐう》大社（田辺市）の三社です。那智大社の主祭神は熊野夫須美大神《くまのふすみのおおかみ》さま（イザナミノ尊）、速玉大社が熊野速玉大神さま（イザナギノ尊）、本宮大社が家津御子大神《けつみこのおおかみ》さまとされています。家津御子大神さまはスサノオノ尊さまの別名とされますが、生命の神としてバージョンアップした神名になります。

那智の滝をご神体とする飛瀧神社
（和歌山県那智勝浦町）

　熊野那智大社は那智の大滝が有名ですが、那智の滝をご神体とする飛瀧《ひろう》神社は大己貴命さまを祭っています。那智山が神体山で、そこから流れる川が那智の大滝となります。熊野那智大社の右手に行くと、財運の仏尊である如意輪観世音菩薩《にょいりんかんぜおんぼさつ》さまを祀る青岸渡寺《せいがんとじ》があります。那智の大滝、青岸渡寺、那智大社の高さが同じになるように造られているということです。

　新宮市に蓬莱山《ほうらいさん》があり、阿須賀《あすか》神社が鎮座しています。蓬莱山は秀麗な神奈備《かんなび》型（ピラミッド）です。アスカとは〝天から飛来した地〟という意味があります。

「熊野大神が最初に神倉《かみくら》神社のゴトビキ岩に降臨して、その後に蓬莱山に来て、蓬莱山から、速玉大社や本宮大社に行った」という伝承があります。

また、熊野本宮大社の元地が大斎原《おおゆのはら》です。大斎原は熊野川、音無川《おとなし》、岩田川の合流地点にある中洲《なかす》に鎮座していたのですが、明治時代の森林伐採により、洪水が起きて流されました。そこで、現在は高地に建っています。

出雲にも、出雲国一の宮・熊野大社（島根県松江市八雲町）が鎮座しており、出雲と熊野は陰陽関係になっています。

○摂津国一の宮・住吉大社　大阪市住吉区

摂津国一の宮・住吉大社のご祭神は、イザナギノ大神さまが禊《みそ》ぎをした時に生まれた底筒男命《そこつつおのみこと》さま、中筒男命さま、表筒男命《うわづつおのみこと》さま、神功皇后《じんぐうこうごう》さまです。三ツ星（オリオン）の神として、航海の守護神さまでもあります。

第一宮の横に五所御前《ごしょごぜん》があります。五所御前は神功皇后が最初に住吉大神を祭った場とされています。由来書には、五所御前は住吉大社の元地であり、「高天原という」と書いてあります。

住吉大社の境内から右手に100メートルほど歩いたところに、大海《たいかい》神社が鎮座しています。ご祭神は豊玉彦命《とよたまひこのみこと》・豊玉姫命ですが、私のサニワでは、海の主宰神・オオワダツミノ大神さまが隠れていました。

さて、福岡県筑紫郡那珂川町仲に鎮座する現人神社《あらひと》は住吉三神の本津宮《もとつみや》（元宮）です。筑前国一の宮・住吉神社も現人神社よりご分霊《ぶんれい》されて一の宮になりました。さらに、住吉大神の和魂《にぎみたま》は、眞住吉之国《ますみのくに》（住みよい国）の摂津国にお祭りされ、摂津国一の宮・住吉大社になります。

○生国魂神社《いくくにたま》　大阪市天王寺区

生国魂神社は難波大社《なにわのおおやしろ》とも呼ばれます。ご祭神は生島大神さま・足島大神さまで、相殿に大物主大神さまを祭ります。生島大神さま・足島大神さまは国土の神で、宮中ご八神でもあります。この生国魂神社に、私のサニワでは、残りの宮中ご八神も隠れています。

境内の右手に摂社・末社があり、重要なのが鞴神社《ふいご》です。金物の神さまである天目一箇命《あめのまひとつのみこと》さまを祭っています。三重県桑名市の多度大社（北伊勢大神宮）別宮の一《いち》目連《もくれん》神社と同じご祭神です。

天目一箇命は天津彦根命《あまつひこねのみこと》さまの御子神《みこがみ》で、日本金属工業の祖神とされていますが、私のサニワでは天目一箇命はアラハバキノ大神威さまです。

○伊予国一の宮・大山祇神社《おおやまづみ》　愛媛県今治市大三島町

大三島《おおみしま》に鎮座する大山祇神社のご祭神は大山積大神《おおやまづみのおおかみ》さまです。オオヤマヅミノ大神さまは山の主宰神ですが、海底も陸地ですから、オオワダツミノ大神さまとして海の主宰神でもあります。

一の鳥居の前に、初代総理大臣の伊藤博文が揮毫《きごう》した「大日本総鎮守大山祇神社」という社号額があります。大山祇神社には宝物館や博物館があり、国宝や重要文化財が多数展示されています。

拝殿の石段を登る手前に、小千命《おちのみこと》が手植えをしたとされるしめ縄を張ったご神木がありますご神木の右手に摂社の「伊予国総社」が鎮座しています。

背後に三つの霊山（鷲ヶ頭山《わしがとうざん》・安神山《あんじんさん》・小見山《おみやま》）があり、大山祇神社の神体山になっています。さらに言いますと、大三島全域が大山祇神社の聖域になっており、広島県の宮島と同様です。

○安芸国一の宮・厳島《いつくしま》神社　広島県廿日市市宮島

宮島は日本有数のパワースポットです。宮島に鎮座する厳島神社はご本殿に宗像三女神をはじめ、国常立尊、宮中ご八神、住吉三神、神直日大神《かむなおひのおおかみ》さま、大直日《おおなおひ》大神さま、禊祓いの神々など39柱も祭られています。

日本の平和にとってこれほど重要な神々が祭られている神社は珍しいです。厳島神社は日本五大弁財天の一つであり（残りの4つは琵琶湖の竹生島、神奈川県の江の島、金華山、奈良県の天河）、財運アップの神社でもあります。

厳島神社の奥宮の御山《みやま》神社は、神体山の弥山《みせん》山頂付近に鎮座しています。また、厳島神社から10分ほど歩いたところにある大元《おおもと》公園には、大元神社が鎮座しています。ご祭神は国常立尊さまと大山祇尊さまであり、厳島神社とともに参拝するとよいでしょう。

○宗像《むなかた》大社　福岡県宗像市

宗像大社は宗像三女神を祭り、辺津宮《へつみや》が福岡県宗像市に鎮座し、中津宮は大島にあり、沖津宮は沖ノ島に鎮座しています。宗像大社（辺津宮）は宗像市田島に鎮座し、その神域は広大で奥行きがあります。

宗像大社の神々は「道主貴《みちぬしのむち》」と仰がれています。宗像大神さまは「天孫を助け、天孫から祭ってもらいなさい」と天照大神からいわれるほどの偉大な神々だということです。高宮斎場《たかみやさいじょう》は「宗像大神降臨の地」としています。高宮斎場は古代祭祀の神籬《ひもろぎ》磐境《いわさか》になっています。

大島の中津宮は「七夕伝説発祥の地」とされ、末社の織女《しょくじょ》神社と牽牛《けんぎゅう》神社が鎮座しています。鳥居の左側に「天の川」という小川があります。その左側の崖の上に織女神社があり、天の川と参道を挟んで右手の崖の上に牽牛神社があります。

○豊前国一の宮・宇佐神宮　大分県宇佐市南宇佐

宇佐神宮は全国の八幡神社の総本宮になります。ご祭神は八幡大神《はちまんおおかみ》（誉田天皇廣《ほむだのすめらみことひろ》幡八幡麻呂《はたやはたまろ》）さま、比売大神（宗像三女神）さま、神功皇后さまです。宇佐神宮の第一社殿の横に、地主社として「北辰《ほくしん》神社」があります。

宇佐神宮の奥宮は神体山の御許山《おもとやま》に鎮座する「大元《おおもと》神社」です。大元神社の背後に3つの磐座があります。

ここに、比売大神さまが降臨したとされ、宇佐神宮の発祥地です。向かいに大元八坂神社が鎮座しています。私のサニワでは、御許山の原初神は国常立大神さまであることがわかりました。

○全国の国魂《くにたま》を祭っている神社

産土のさらに広範囲の神が国魂になります。「国魂、国霊、国玉、大国魂、大国御魂」などが神社名にあったり、ご祭神として載っている場合は、日本やその地域の国魂を祭っている神社の場合が多いです。

たとえば、奈良県天理市に鎮座する大和《おおやまと》神社は、日本大国魂大神《やまとおおくにたまのおおかみ》さまを祭っています。山梨県甲府市に鎮座する玉諸《たまもろ》神社は大国玉大神さまを祭っています。日本の平和にとって、とても重要な神社であり、国魂さまのご開運と日本・アジア・世界の平和を祈るとよいでしょう。その上で、自分の願い事を祈ります。

○宮中ご八神を祭っている神社

宮中ご八神は「高皇産霊大神《たかみむすびのおおかみ》さま、神皇産霊大神《かむみむすびの》さま（『古事記』ではカミムスビノ神）、生産霊大神《いくむすびの》さま、足産霊大神《たるむすびの》さま、玉留産霊大神《たまつめむすびの》さま、御食津大神《みけつの》さま、大宮能売大神《おおみやのめの》さま、事代主大神《ことしろぬしの》さま」です。日本民族と人類の守護神ですから、自分たちの開運とともに、日本や世界の平和を祈るとよいでしょう。

岡山県総社市の備中国総社宮、埼玉県秩父市の今宮神社、奈良市の初宮神社をはじめ、全国に鎮座しています。近くにあったら参拝するとよいでしょう。

Q．「日本国総鎮守の大神さま」の霊山・聖地について、教えてください。

A．文字通り「日本を守る総鎮守の大神さまがおられる最重要な霊山・聖地」です。富士山は地球規模の霊山として別格であり、左記の通り、合わせて7霊山になります。

○富士山　静岡県と山梨県

『万葉集』には「日の本の、大和国の鎮めとも、います神かも、宝かも、なれる山かも、駿河なる富士の高嶺《たかね》は」（高橋虫麻呂《むしまろ》）と詠われ、日本最高の霊山であり、世界有数の霊山です。

全国の浅間神社の総本宮である駿河国《するがのくに》一の宮・富士山本宮浅間大社《ふじさんほんぐうせんげんたいしゃ》は静岡県富士宮市宮町に鎮座しています。ご祭神は木花之佐久夜毘売命《このはなのさくやひめのみこと》さま、彦火瓊々杵尊《ひこほのににぎのみこと》さま、大《おお》山祇神《やまづみのかみ》さまです。大山祇大神さまは山の主宰神です。

私のサニワでは、隠れ神として、地球神界の主宰神である国常立大神《くにとこたちのおおかみ》さま、造化《ぞうか》三神《さんしん》、北斗七星神さまがおられます。造化三神とは北辰（北極星を中心とした領域）の神々である天之御中主大神《あめのみなかぬしのおおかみ》さま、高御産巣日大神《たかみむすびのおおかみ》さま、神産巣日大神《かみむすびのおおかみ》さまです。

山頂の浅間大社の奥宮には浅間大神さまが祭られています。久須志《くすし》神社には大名牟《おおなむ》遅命《ちのみこと》さま・少彦名命《すくなひこなのみこと》さまを祭り、私のサニワでは、隠れ神としてはミロク天照国照彦《あまてるくにてるひこ》櫛玉饒速日大神《くしたまにぎはやひのおおかみ》さまがおられます。

富士山五合目にある山宮《やまみや》浅間神社（富士宮市山宮）は富士山本宮浅間大社の元宮であり、日本武尊《やまとたけるのみこと》さまが富士山の神をお祭りした場所です。ご祭神は、古くは富士大神、その後浅間大神となり、現在はコノハナサクヤヒメノ命さまとなっています。

北口本宮冨士浅間神社は、山梨県富士吉田市上吉田《かみよしだ》に鎮座しています。ご祭神は浅

駿河国一の宮・富士山本宮浅間大社（静岡県富士宮市）

間大社と同じです。摂社・諏訪神社にはタケミナカタトミノ神さまが祭られていますが、私のサニワでは、隠れ神としてアラハバキノ大神威さま、富士五湖の五行大龍神さまがおられます。

○摩周湖・阿寒岳《あかんだけ》　北海道

摩周湖にはカムイッシュと呼ばれる神の島があります。その地底には日本国総鎮守の大神としての国常立大神さまが鎮まっています。神社としては、阿寒岳《あかんだけ》神社（釧路市阿寒町）に参拝するとよいでしょう。ご祭神は大国主大神さま、少彦名大神さま、大山祇神さまです。

また、北海道神宮（札幌市中央区）は北海道総鎮守であり、蝦夷国・新一の宮です。大国魂神《おおくにたまのかみ》さま・大那牟遅神《おおなむちのかみ》さ

赤城神社（群馬県前橋市富士見町）

ま・少彦名神《すくなひこなのかみ》さま・明治天皇さまを祭っています。

大国主大神さまと大那牟遅神さまは同系統です。神さまにうかがいますと、「この大国魂神が摩周湖の日本国総鎮守の大神」とのことなので、北海道神宮では自分の願い事とともに、日本の平安を祈るとよいでしょう。

○赤城山《あかぎさん》　群馬県

関東屈指の霊山・赤城山は、複数の山を総称してこう呼ばれます。山頂付近の大沼のほとりに鎮座する赤城神社（前橋市富士見町）の主祭神は豊城入彦命《とよきいりひこのみこと》さま、磐筒男命《いわつつおのみこと》さま、磐筒女命さま、経津主命さまであり、配祀《はいし》（主祭神のそばに、その神と縁故のある他の神を祭ること）・合祀を含めますと40柱の神々を祭っています。私のサニワでは、隠れ神として国常立大神さまがおられます。

前橋市三夜沢《みよさわ》に鎮座する赤城神社はご祭神が豊城入彦命さま、大己貴命さまです。赤城神社の山中に、櫃石《ひついし》があります。

櫃石は長さが4・7メートル、高さが2・8メートルほどの古代祭祀の磐座《いわくら》です。前橋市二之宮に鎮座するのが上野国《こうづけのくに》二の宮・赤城神社です。主祭神の大己貴命さまをはじめ、26柱の神々を祭っています。

群馬県の三大霊山が「赤城山・榛名山《はるなさん》・妙義山《みょうぎさん》」であり、群馬県は関東でも霊山が多い県です。

○位山《くらいやま》　岐阜県

高山市・下呂《げろ》市にまたがる霊山です。中腹にスキー場があって、そこに「祭壇石《さいだんせき》」があります。林道の登山口に駐車場があって、「飛騨国一の宮水無神社奥宮」という鳥居があります。8合目に「天の岩戸」と呼ばれる磐座があります。磐座の山として知られています。

高山市一之宮町に鎮座する飛騨国一の宮・水無《みなし》神社は主祭神が水無神《みなしのかみ》さま（水成《みな》し、水主の意）、大歳神《おおとしのかみ》さま、大己貴神さまをはじめ15柱の神々です。私のサニワでは、隠れ神として、国常立大神さまがおられます。

神さまのお話では地球神界の主宰神である国常立大神さまの分身が大国主大神さまであり、その分身が大己貴神さまになるとのことです。

◯白山《はくさん》　石川県・岐阜県

白山には、御前峰《ごぜんがみね》と大汝峰《おおなんじみね》と別峰があります。御前峰にククリヒメノ大神さまとシラヤマヒメノ大神さま、大汝峰に日本国総鎮守の大神、大国主大神、別峰に山の主宰神・大山祇大神さまがおられます。

白山市三宮町に鎮座する加賀の国一宮・白山比咩《しらやまひめ》神社は白山を神体山にしており、全国の白山神社の総本宮です。ご祭神は白山比咩大神（菊理媛尊《くくりひめのみこと》）さま、イザナギノ神さま、イザナミノ神さまの三柱です。イザナギノ神さまとイザナミノ神さまが黄泉国で仲たがいをした時、仲裁し、和合をした神がククリヒメノ大神さまです。

私のサニワでは白山比咩大神さまは白山の大神さまです。ククリヒメノ大神さまはミロク妙見括理比売大神《みょうけんくくりひめのおおかみ》さまであり、北辰（北極星を中心とした領域）から地球の調和・和合のために飛来した偉大な大神です。

○石鎚山《いしづちさん》　愛媛県

石鎚山は西日本最高峰（1982メートル）で、「日本七霊山」の一つといわれています。西条市西田甲に鎮座する石鎚神社本社のご祭神は石鎚大神さまで、御神徳を表す3体の御神像をお祭りしています。

玉持《たまもち》の御神像は和魂《にぎみたま》・仁の御神徳、鏡持《かがみもち》の御神像は奇魂《くしみたま》・智の御神徳、剣持《つるぎもち》の御神像は荒魂《あらみたま》・勇の御神徳を表すとされます。

拝殿前の階段を下りていくと、「総合摂社」が鎮座しています。総合摂社は秋葉神社、大山祇神社、伊雑社、荒神社《あらじんじゃ》など6社あります。荒神社は「天照大御神の荒魂」とあり、私のサニワでは、アラハバキノ大神威さまが隠れていました。

○阿蘇山　熊本県

阿蘇山は九州屈指の霊山であり、世界有数の大型カルデラ火山です。私が神さまと直接交流する中で、約180万年前、1度目の天の岩戸開きに際して、天照国照彦櫛玉饒速日大神さまが光のミロクとして、原・阿蘇山（天祖山）に降臨したことがわかりました。

熊本県阿蘇市一の宮町に鎮座している肥後国一の宮・阿蘇神社は、神武天皇の孫のタケイワタツノ命さま、アソツヒメノ命さまほか11座、全国3000余座の神々も祭っています。これほど多くの神々を祭っている神社は珍しいです。

上益城郡山都町《かみましきぐんやまとちょう》（旧・阿蘇郡蘇陽町《そようまち》）には、幣立《へいたて》神宮が鎮座しています。通称「高《たか》天原日の宮《まのはらひ》」と呼ばれる幣立神宮の主祭神はカムロギノ命さま・カムロミノ命さまです。幣立神宮は、「五色《ごしき》人面」や「火の玉、水の玉」というご神体で有名です。

日本国総鎮守の大神さまの霊山・聖地や神社に参拝する場合は、次のように祈るとよいでしょう。

「おかげさまで、ありがとうございます。宇宙の大いなる意志、大調和に基づく天命もちて、とってもありがたい日本国総鎮守の大神さまをはじめ、〇〇山・□□神社の大神さま・仏尊さまの一霊四魂の、いやますますのご開運をお祈り申し上げます。いつも日本をお守りいただき、誠にありがとうございました。日本と世界が平和でありますように」

この後は、通常の自分の願い事を称《とな》えます。


著者厳選！

自分や家族の願い事、日本と世界の平和を祈るのに最適な仏閣

Q．「日本国総鎮護の大仏尊さま」の仏閣について、教えてください。
A．日本国総鎮守の大神さまと対《つい》をなすのが、日本を守護する「日本国総鎮護の大仏尊」です。奈良仏教は国家鎮護のために仏閣を建てました。鎌倉仏教は民衆の救済のための仏教です。平安仏教である真言宗と天台宗は、その中間に位置します。

仏尊さま方と直接交流する中で、特に日本を加護する「日本国総鎮護の大仏尊さま」がおられる仏閣があることがわかりました。当然、功徳《くどく》も豊かなので、自分や家族の願い事とともに、日本と世界の平和を祈るとよいでしょう。

○**自分のルーツに縁ある仏閣**　自分の父方・母方の仏教宗旨の菩提寺、総本山、大本山、別格本山、別院

○**日本の平安のための仏閣**　日本国総鎮護の大仏尊さまがいます仏閣、国分寺、国分尼寺

この大きな二つの流れの仏閣を押さえることが、開運と家族の平安のツボになります。

まず**富士山**です。富士山は「日本国総鎮護の大仏尊さま」の最重要拠点にもなっています。富士山信仰の集団「富士講」は大日如来さまや不動明王さまも信仰し、江戸時代後期には、「江戸八百八講《はっぴゃくやこう》、講中《こうちゅう》八万人」といわれるほど盛んでした。

私のサニワでは現在、ラージャ大マハークシティガルバ（地球仏界の主宰仏・地蔵王如来の王）さまも、富士山を拠点にしています。

そして、特に重要な仏閣が**東大寺**（奈良市雑司町《ぞうしちょう》）であり、東大寺は総国分寺にな

ります。法華寺町の**法華寺**《ほっけじ》は、聖武天皇后である光明皇后が創建した総国分尼寺です。正式には、光明宗の法華滅罪之寺《ほっけめつざいのてら》といいます。

奈良市登大路町《のぼりおおじ》の**興福寺**《こうふくじ》には、有名な阿修羅像《あしゅらぞう》があります。奈良市福智院町にある**福智院**《ふくちいん》は、「地蔵大佛《じぞうだいぶつ》さま」が有名です。

奈良県生駒郡斑鳩町《いこまいかるが》の**法隆寺**の夢殿《ゆめどの》は、聖徳太子等身の秘仏・救世《くぜ》観世音菩薩さまを祀っています。法隆寺のそばに**中宮寺**《ちゅうぐうじ》があります。ご本尊は如意輪観世音菩薩さまとされますが、当初は弥勒菩薩さまだったといわれます。

京都市東山区三十三間堂廻《まわ》り町の**蓮華王院**《れんげおういん》**（三十三間堂）**は十一面千手千眼観世音《せんじゅせんげんかんぜおん》菩薩《ぼさつ》さまが千一体祀られています。十一面千手千眼観世音菩薩さまには「二十八部衆」という仏尊配下の神々がついています。

十一面千手千眼観世音菩薩さまも「観音曼荼羅《まんだら》」をお持ちですので、立体曼荼羅をイメージして祈るとよいでしょう。二十八部衆とされる大弁功徳天《だいべんくどくてん》さまは、吉祥天さまと弁財天さまの最高位に位置します。

京都市東山区清水の**清水寺**《きよみずでら》も十一面千手千眼観世音菩薩さまがご本尊です。観音さまの最高位が十一面千手千眼観世音菩薩さまです。本堂の手前に、大随求菩薩《だいずいぐぼさつ》さまが祀られている随求堂《ずいぐどう》があります。

京都市右京区太秦蜂岡町《うずまさはちおかちょう》の**広隆寺**《こうりゅうじ》は山城国最古の寺で、聖徳太子が建立した日本七大寺の一つです。国宝第一号の弥勒菩薩《みろくぼさつ》像が有名です。
京都市南区九条町の**教王護国寺《きょうおうごこくじ》（東寺）**は７９６年に創建されました。ご本尊は薬師如来さまです。大日如来さまをはじめ、五智如来は立体曼荼羅になっています。
長野市元善町の**善光寺《ぜんこうじ》**のご本尊は一光三尊《いっこうさんぞん》阿弥陀如来像で、三国伝来の〈絶対秘仏〉として、本堂「瑠璃壇厨子《るりだんずし》」に安置されています。一光三尊阿弥陀如来像とは阿弥陀如来さま、観世音菩薩さま、勢至《せいし》菩薩さまのことです。
善光寺が来世の利益《りやく》をもたらすのに対して、上田市別所温泉の北向《きたむき》観音が現世の利益をもたらすということで、「善光寺のみの参拝では〝片参り〟になってしまう」とされます。
山形県の**月山《がっさん》**（１９８４メートル）は山頂がピラミッド型をしており、月山神社が鎮座しています。羽黒山《はぐろさん》で「現世利益」を願い、月山で「来世の極楽浄土」を乞い、湯殿山《ゆどのさん》で功徳を受けて、「再びこの世に生まれ変わる」というように、三世にわたってご利益があるといいます。
岩手県平泉の**中尊寺《ちゅうそんじ》**は８５０年に慈覚大師円仁《じかくだいしえんにん》が開山して、12世紀初め奥州藤原氏初代の清衡《きよひら》公が造営しました。浄土庭園で有名な**毛越寺《もうつうじ》**はご本尊が薬師瑠璃光如来さま、脇侍は日光菩薩さま・月光菩薩さまです。昔の毛越寺は堂塔40僧坊５００を数え、中尊寺をしのぐ規模でした。

法隆寺（奈良県生駒郡）

善光寺（長野県長野市）

神奈川県鎌倉市の**鎌倉仏閣群**も重要です。地蔵菩薩さまをご本尊さまにしている関東の代表的な寺院が、建長寺《けんちょうじ》（神奈川県鎌倉市山ノ内）です。建長寺は臨済宗建長寺派の大本山であり、鎌倉五山《ござん》の第一位です。

岡山県倉敷市の**瑜伽《ゆが》山蓮台寺《さんれんだいじ》**・**由加《ゆが》神社**も大事です。霊山・由加山は瑜伽三尊として、「十一面観世音菩薩、瑜伽大権現、弘法大師」を祀っています。瑜伽大権現は阿弥陀如来、薬師如来とされます。瑜伽大権現とは私のサニワでは、大マハークリシュナさまのことです。

大分県の**摩崖仏《まがいぶつ》群**も重要です。全国に摩崖仏はありますが、6～7割は大分県にあります。臼杵《うすき》磨崖仏は大分県臼杵市にあります。

Q．神仏に「無病息災」を祈れば、健康でいられますか。

A．お気持ちはとてもわかります。しかし、神仏に祈れば健康になるのなら、医者は要りませんね。人間の肉体は確実に老い、病んでいきますので、「無病」は無理な願いです。健康は本人の「生来の体質」と生活習慣による部分が大きいです。自分で養生をこころがけ、神社仏閣において、「健康長寿・養生平安」を祈ることです。すでに病がある人は「延命長寿・養生平安」と祈るとよいでしょう。開運法を行い、名医にあたるように運を良くしておくことです。

また、肉体には限界があり、「治る病」と「治らない病」があります。「高齢で病気がちだが、昔のように健康になりたい」「高齢出産になるが、どうしても赤ちゃんがほしい」という願いも難しい部分があります。

「産土開運法で子宝に恵まれた」という体験談もありますが、肉体的に厳しい場合はどんなに神仏に祈っても、無理なものは無理なのです。まず、自分の現状を受け入れ、無理なことで悩まず、自分ができることに集中してください。

神仏に祈れば、人間関係はよくなるか

Q． 人間関係で悩んでいます。神仏に祈れば、人間関係はよくなりますか。

A． 神仏に祈っただけでは足りません。自分が人間関係をよくするために仲良くするための「作戦」を立て、創意工夫をして、神仏に大いなる後押しをお願いすることです。まず笑顔で、相手に接し、「ありがとう」を口グセにします。お付き合いの基本は感謝です。そして相手の長所を見つけ、ほめることです。

人間関係はある意味、自分の「心の投影」の要素がありますから、自己を見つめ直し、自己信頼を育てることから始めましょう。「過去と相手は変わらない。未来と自分は変えられる」という格言があります。変えられる「未来と自己」のステージアップに集中することです。

長年指導していても、なかなか開運しない人は「過去と相手」に執着している人です。「子どもの頃、親からひどい目にあった」「親に自分を受け入れてほしい」「隣人や上司の性格を変えたい」などさまざまです。しかし、相手に変わってもらうのは無理な場合が多いのです。世の中には、本人が努力すれば目標が実現できるものと、どんなに努力しても無理なものがあります。学校の受験や資格試験、就職などの目標は各種開運法で、確実に実現させていくことです。

しかし、「自分が子ども時代に、両親にひどい言葉を言われ続けたことを謝罪してほしい」「夫（妻）のイヤな性格を直したい」など相手に求めても無理なことが多いのです。無理なことにいつまでも執着しないで、自分の開運吉祥・和楽繁栄の人生、霊的・精神的ステージアップ、金運・財運アップに集中しましょう。

○「自分がダメになったのは、親が横暴で、愛情をかけてもらえなかったからだ」↓「そんな親のもとで生まれたのは、自分の前世が原因だ。霊的にステージアップして、来世ではやさしい愛情あふれる親のもとで生まれよう」

○「ブラックな会社で、上司がひどく、仕事もきつい」↓「その会社に就職を決めたのは自分だ。今から技能を高め、資格を取得して、待遇がよい会社に転職しよう」と発想を変えましょう。

ご先祖さまの祭祀は、ご先祖さま方への敬意と感謝のために行う

Q．先祖供養をすれば、家族・一族の不幸はなくなりますか。

A．人生の不幸の原因は、前世からいままでの本人のカルマによるものが約70パーセントで、先祖に由来するものが約30パーセントです。前世に悪しきカルマがあると、業が深い先祖・一族・家族のもとで生まれることになります。

直接的な原因は前世のカルマであり、それに一族・先祖のカルマが加わります。したがって、先祖供養をしただけでは不幸はなくなりません。

そもそも**ご先祖さまの祭祀は、ご先祖さま方への敬意と感謝のために行うものであり、自分たちの不幸をなくすために行うものではありません**。私は「先祖供養」という言葉よりも、**ご先祖さまへの「感謝の祭祀」という発想が大切だ**と考えています。

霊界で苦しんでいるご先祖さまたちがいるのは確かですが、ご先祖さまが苦しんでいるのは、本人たちが「この世にいた時の悪しきカルマによるもの」が多いのです。人間は戦争による殺人、神社仏閣の焼き討ち、明治時代の廃仏毀釈など、多くの罪をおかし、ご無礼をしてきました。

ご先祖さま自身がおかした悪しきカルマ（業）が苦しみの原因であるのですから、ご先祖さまが神仏やミタマたちにお詫びをして、カルマを昇華する必要があります。

現象（症状）と原因を区別しなければなりません。「六道にいるご先祖さまとともに、多くの神仏・ご存在たちや、家運衰退に関わるミタマたちにご無礼・罪をお詫びすること」が家族・一族の不幸を減らす有効な方法になります。

そのためには現世の私たちと、あの世のご先祖さまたちがともに、神仏へのご無礼・罪や、戦争などで自分たちが殺したミタマたちに対する「心からのお詫び」を行うことです。その方法が、自宅で行う21日間「前世・先祖のカルマ」昇華法です（74ページ参照）。

私たちやご先祖さまたちがより多くのご無礼を働いている仏尊たちは「薬師瑠璃光如来さま、不動明王さま、観世音菩薩さま、阿弥陀如来さま、地蔵菩薩（地蔵大仏尊）さま」でしょう。より身近な仏尊ほどご無礼をしてしまっているものです。

前世・先祖のカルマに関するお詫びをする場合は、これらの仏尊たちを念頭におくとよいでしょう。その上で、自分や家族、一族の産土の守護曼荼羅のご存在たちや、縁あるご本尊さま・仏尊さま・仏尊の神々さまに、ご先祖さまの救済をお願いします。

重要なポイントは、**現世の人間が媒体になることで、あの世のご先祖さま方も自分たちのお詫びができる**ということです。従来の先祖供養とはかなりイメージが違いますね。もちろん、21日間「前世・先祖のカルマ」昇華法だけで、すべてのカルマが昇華されるわけではありませんが、そのスタートにはなります。21日間終わってからも、折に触れて行うとよいでしょう。

Q． 神棚の祭り方を教えてください。

A． 基本的に、神棚の中央には神宮大麻《たいま》（天照皇太神宮）の御神札《おふだ》を祭ります。向かって右手に世帯主の産土神社の御神札、左手に鎮守神社の御神札を祭ります。神さまから見ると左（向かって右）が上位になります。私たちがお世話になっている神さまを祭るのが、神棚祭祀の基本です。

産土神社に御神札がない場合は、向かって右手に鎮守神社の御神札を祭ります。そして、左手に自分の崇敬《すうけい》する神社の御神札を祭ります。特に崇敬する神社がない場合は一の宮または総鎮守、総社の御神札を祭りましょう。会社の場合は、職場の鎮守さまを祭ります。

基本的には、世帯主の産土さまをお祭りします。世帯主の産土さまを通して、家族それぞれの産土さまを拝めばいいのです。御神札は多くても4枚までにしましょう。鎮守神社が神明社でも、鎮守神社としてきちんとお祭りします。なぜなら、神明社の主祭神は天照大御神さまですが、神明社のご祭神はほかにもいっぱいおられるからです。

神棚の御扉は通常は閉めておきます。開けっ放しにしているとホコリが入ったりするからです。神棚は3つの扉のある三社造りのものがいいでしょう。神棚は目線よりも上の高さにします。そこまでするのは面倒くさいというのであれば、神棚は祭らないことです。それから、神棚に仏像やさまざまな置物を入れてはいけません。

神棚は家相学的には、乾《いぬい》（北西）の場所が大吉とされます。住宅事情もあって家相学のいう通りにはいかない場合があるでしょう。そういう時は神棚は東向きか南向きにして、家の〝上座〟の明るい部屋に祭るのがよいと考えてください。これは、太陽の当たる方向です。

神さまは明るいところが好きなのです。神棚は基本的には最上階に祭ります。集合住宅の場合、上階に他人が住んでいるケースも多いでしょう。この時には、半紙に筆で「雲」または「天」と書いて、神棚の真上の天井に張ります。

神棚の位置を優先して、次に仏壇の位置を決めます。「神—仏—先祖」の順なのです。仏壇は神棚のすぐ下に置かないで、神棚から離れたところに祀ります。神棚と仏壇は、真正面に向き合わない形にします。

神棚や仏壇の部屋と寝室を兼ねる場合は、神棚や仏壇には足を向けて寝ないのがマナーです。仏壇の場合は、お年寄りがいて、2階に昇るのがしんどいなど、やむをえない場合は1階に祀ってもいいでしょう。その時には、仏壇の真上の階にはタンスなどを置いて、歩かないようにするといいでしょう。

開運する仏壇・お墓の祭祀法

Q．開運する仏壇の祭祀法について、教えてください。

A．仏壇やお墓の祭祀の基本は、先祖代々の伝統的仏教の宗旨に従います。感謝の思いが仏壇やお墓の祭祀になります。仏壇で最重要なのは、「〇〇家先祖代々之霊位」のお位牌《いはい》です。お墓は「〇〇家之墓」「〇〇家累代（先祖代々）之墓」です。これらはご先祖さまの「依り代《よりしろ》」であり、それがあってこそ、仏壇、お墓として機能します。

位牌は「黒塗りに金文字」の位牌がよいでしょう。故人の写真は仏壇には入れません。その人への執着になり、あの世での〝第二の生活〟を現世の側から足を引っ張ることになります。なお、過去帳は位牌の代わりになりません。「〇〇家先祖代々之霊位」の位牌が先祖との依り代になるからです。仏壇はあっても位牌がないと、先祖たちにしてみるとアンテナがなくて、子孫と交流しにくいのです。

Q．仏教の「宗旨変え」は、どうして家運の衰運に関わるのですか。

A．先祖の祭祀はご先祖さまが代々信仰していた仏教宗旨に従うことが大切です。なぜなら、霊界のご先祖さま方は自分たちが拝んでいたご本尊さま・仏尊・仏尊配下の神々さまから、助けていただいているからです。

私は「先祖は30代、１０００年、10億人」と言っていますが、先祖の祭祀は数百年の単位で考える必要があります。江戸時代は神道の家系を除けば、ほとんどがお寺の檀家でした。

私は「神・仏・先祖」の関係を「木」でたとえます。先祖が「根」としますと、「土の陽」が産土の大神さま・鎮守の大神さまになり、「土の陰」がご本尊さま・仏尊・仏尊配下の神々さまになります。「根」は土から養分をいただいて、元気になり、幹を通って枝葉にいき、果実ができます。これが「人生の実り」「家族・子孫の繁栄」になります「宗旨変え」をしますと、ご先祖さまとご本尊さま・仏尊・仏尊配下の神々さまの関係性を自ら切ってしまいますので、土から幹や枝葉に養分をいただけなくなり、枯れてくるのです。

実際、私が開運カウンセリングをしていて、家庭内に問題が多い人や、家族の中に精神障害がある人の相談を受けていますと、家の仏教宗旨を知らなかったり、「宗旨変え」したケースが多いのです。近くの僧侶と知り合いになったので気軽に「宗旨変え」をしたり、新興宗教の祭祀に変えるケースがありますが、衰運を招きかねない危ない行為です。家庭内がゴタゴタしている場合は、宗旨変えをしていないかどうかを調べてみましょう。宗旨変えをしていたら、本来の宗旨に戻す必要があります。

「宗旨変え」を元に戻すには、家族の合意が必要です。無理やり元に戻そうとしますと、家族・親族の反発を招きますから、〈長期的な視点〉で考える必要があります。

少しずつ家族に話していき、世代交代の時期に戻すのがよいでしょう。ご先祖さまには、「いずれ本来の宗旨に戻しますから、お待ちください」と、お墓や仏壇で説明しておきます。宗旨によって「戒名のつけ方」が違いますが、個人の戒名まで変更する必要はありません。先祖が代々拝んでいたご本尊さま・仏尊・仏尊配下の神々さまと結び直すのが最優先です。

Q. 最近、「絆」とか、好きな言葉を墓石に入れる人もいますが、どうでしょうか。
A. 「〇〇家（累代）之墓」がよいです。先祖にとっては、仏壇よりもお墓の方が大事です。お墓が欠けていたり、倒れていたりすると、家運に影響が出ることがありますから、お墓の整備やお掃除はきちんとすることです。
また、「南無阿弥陀仏」などと書いた墓もよくありません。望ましいのは、全員が「〇〇家累代之墓（〇〇家之墓）」に入ることです。

海への散骨とか合同墓など、埋葬方法の多様化が見られます。しかし、いずれもあまりよくありません。神棚・仏壇・お墓も含めて、日本民族の伝統を尊重するのが祭祀の基本です。それぞれの民族においての伝統的な埋葬法やお墓の形態にした方がいいのです。

おわりに――開運とは「幸福感が多い人生」になることである

私は「開運とは精神的・経済的に豊かになり、幸福感が多い人生になる」ことだと考えています。人生は「山あり、谷あり」であり、病気にもなりますし、災害が多い日本で、皆がいつも平穏で常に幸福な人生を送れるわけがありません。しかし、できるだけ多くの人が「幸福感が多い人生を味わう」ようにすることはできます。

幸福感が多い人生になるためのポイントについて、考察してみました。

（1）笑顔でいることです。暗い表情のままで、幸福感が得られるわけがないですよね。「笑う門には福来《きた》る」といいます。意識的に笑顔にして、朗らかな気持ち、上機嫌で生きるように心がけることです。神仏から好かれるにも、笑顔が第一です。

（2）向上心を持つことです。人間は人生が上向きになっている時に、幸福感が湧きます。成功者は、貧乏な時代からだんだん豊かになっていく時に幸福感を感じています。大金持ちでも、財産が減っていくと幸福感は減ります。本書では精神的・経済的に豊かになる方法を述べていますが、豊かになる過程で幸福感を何度も味わえるのです。

また、肉体は酷使すると傷んでしまいますし、富などの物質的な世界は有限ですが、精神的なものには限りはありません。一霊四魂が本人に特に望むことは「向上心」なのです。私は「己の向上心をわが師とせよ」「1年前の自分よりも成長せよ」と教えていますが、向上心があれば、内なる一霊四魂の力が発揮されてくるものなのです。その向上心を持つことこそ、神仏の後押しを受けるコツでもあります。

（3）「神・仏・先祖」三位一体の産土開運法を行い、人生に安心感を持つことです。人生で多くの不安を感じていては、幸福感は得られません。「私は産土の守護曼荼羅のご存在たちに守られている」「人生にはさまざまなことがあるが、運がいいから何とかなる」と実感すると、安心感が得られます。

（4）感謝の気持ちを行動で示すことです。「ああ、ありがたい」という感謝の気持ちが心に満ちれば、幸福感が増します。不平不満が多くては、幸福感は得られません。

そもそも人間は自分だけで生きていくことはできません。太陽の光、大地、空気、水、食べ物など天地自然、動植物、人間社会によって生かされています。「一切の生きとし生けるもの」に対して感謝の気持ちを持つことは、大自然との共生、良好な人間関係の基本になります。

重要なことは、感謝を行動で示すことで幸福感を実感することです。感謝の気持ちは言葉で相手に伝えることです。感謝を行為で示すことで、相手からも感謝されることになり、人間関係はより良好になります。

（5）利他的行為をして、他者から感謝されることです。ボランティアもそうですが、利他的行為をしている人間ほど、自分でも幸福感を得られます。「愛ある言葉、敬意ある言葉、慈悲から発する言葉」を使うことも、利他的行為になります。

人間は幸福な人生を願っていますが、物質的な豊かさやお金だけでは得られないのは周知の通りです。しかし、経済的ゆとりや精神的ゆとりがあってこそ、利他的行為をたくさんできるようになるのも事実です。まず、経済的・時間的ゆとりをつくり、利他的行為を〝道楽〟として楽しむとよいでしょう。

重要なことは「笑顔、向上心、感謝」があってこそ、利他的行為が自発的にでき、自分の幸福感が増すということです。そうであってこそ他者もあなたに対して聞く耳を持ちます。人間は他者から感謝されることで、「自分は価値ある人間である」というアイデンティティー（存在価値）を確認します。つまり、利他的行為を行うことで、自己肯定感を高め、幸福感を得られることになります。

（6）自分や相手、神仏のご開運を祈り、「愛ある言葉」を使うことです。人間の親は子どもから感謝され、愛されることで、親としての自覚が増します。神仏も同様で、人間から感謝されることで神仏としての自覚が高まるのです。さらに、人間から自分たち（神仏）のご開運を祈られると、とてもうれしいものです。

そもそも**神仏とは、利他的行為を楽しみながら行っているご存在たち**です。一切の生きとし生けるものを助けるのが神仏の仕事であり、同時に道楽であるとも言えます。そうすることで、神仏自らも成長していくのです。人間も一霊四魂という神性があるのですから、利他的行動をして、愛ある言葉を発することで、幸福感が得られます。（7）人生の主導権を握っていることです。人間は他者から自分の主導権を握られている時は不自由を感じ、幸福感は得られません。自分が人生の主導権を握ることで、心に自由とゆとりが生まれるのです。向上心をもってステージアップをはかり、自分が常に主導権を握ることができるようにすることです。

（8）徳を積むことを楽しむ人間が、最も幸福感を得ることができます。多くの幸福感を得られた人間は、死後の世界でも幸福な世界に行くことになります。浄土や天国とは、上機嫌な人間たちが行く世界です。幸福感をたくさん味わうことができる人間が、さらに「幸福感」を味わえる良き環境に輪廻転生することができます。

読者の皆さんが多くの幸福感を得るきっかけに、本書がなれれば幸いです。最後にファインビジョンの織田雅裕さんをはじめ、体験談や写真の掲載を快諾してくださったまほろば研究会の皆さん、高橋聖貴さんをはじめ、本書の出版に関わったすべての皆様に感謝いたします。おかげさまで、ありがとうございました。

２０１８年８月吉日

山田雅晴

参考文献

『日本の神々の事典』（薗田稔・茂木栄監修、学習研究社）
『仏尊の事典』（関根俊一編、学習研究社）
『神道辞典』（安津素彦・梅津義彦監修、堀書店）
『ブッダのことば』（中村元訳、岩波文庫）
『成功の法則』（江口克彦著、ＰＨＰ文庫）
『人生を変える80対20の法則』（リチャード・コッチ著、仁平和夫訳、阪急コミュニケーションズ）
『使える弁証法』（田坂広志著、東洋経済新報社）
『梵字事典』（中村瑞隆・石村喜英・三友健容編著・雄山閣）
『願いをかなえるシンクロニシティを起こす方法』（見山敏著、総合法令出版）
『心を読み解くユング心理学』（船井哲夫著、ナツメ社）
『手にとるようにユング心理学がわかる本』（長尾剛著、かんき出版）
『自信を育てる心理学』（ナサニエル・ブランデン著・手塚郁恵訳、春秋社）
『いやな気分よ、さようなら』（デビット・Ｄ・バーンズ著、野村総一郎・夏苅郁子・山岡功一・小池梨花・佐藤美奈子・林建郎訳、星和書店）
『コーチングが人を活かす』（鈴木義幸著、ディスカヴァー・トゥエンティワン）

『アサーティブ・コミュニケーション』（岩松点子・渋谷武子著、ＰＨＰエディターズ・グループ）
『伝習録』（安岡正篤著、明徳出版社）
『南方熊楠アルバム』（中瀬喜陽、長谷川興蔵編、八坂書房）

巻末付録　神社仏閣での祈り方と「日常生活での厳選祈り詞《ことば》・神言・真言」

巻末付録として、神社仏閣での祈り方と「日常生活での厳選祈り詞・神言・真言」を載せていますので、コピーをしてご活用ください。自分の状況や心境に応じて、行いたい祈り詞や言霊開運法を実践すればよいでしょう。

〔神社仏閣での祈り方〕

◎産土神社（鎮守神社）での祈り方

二拝二拍手一拝をします。

おかげさまで、ありがとうございます。私・□□□□（自分の名前）は、今日も参拝させていただきました。（最初の参拝の時は自分の名前、生年月日、生まれ十二支、住所を述べます）

宇宙の大いなる意志、大調和に基づく天命もちて、とってもありがたいわが産土の大神さま（鎮守の大神さま）をはじめ、〇〇神社の大神さま・仏尊さまの一霊四魂のいやますますのご開運をお祈り申し上げます。いつもご守護いただき、誠にありがとうございます。
私□□□□は開運吉祥《きっしょう》・和楽《わらく》繁栄の人生にしていきます。そのために、〇〇〇を実現します。とってもありがたいわが産土の大神さま（鎮守の大神さま）をはじめ、〇〇神社の大神さま・仏尊さま、どうぞ大いなるご守護と後押しよろしくお願い申し上げます。
われとわが家族の開運吉祥・和楽繁栄　健康長寿・養生平安　大いなるご守護と後押し、よろしくお願い申し上げます。

以上のように神仏に決意表明をします。そして、具体的な複数の目標と実現するための計画と作戦、具体的な行動を示し、自分の行動が結果につながるように後押しをいただきます。

生まれ十二支とは、自分が生まれた年の十二支です。私の場合は昭和32年2月15日酉《とり》年生まれになります。この十二支年は立春（2月4日か5日）から翌年の節分（2月3日か、4日）を1年とします。節分とは文字通り、「節（1年）」を分けることです。たとえば、平成3年1月5日生まれの人は前年の午《うま》年生まれになります。十二支に関しては、この後の「先天の三種の大祓」の十二支を参照してください。

（時間がある時は祈願の後、先天の三種の大祓を称えます）

とってもありがたい先天《せんてん》の三種《みくさ》の大祓《おおはらへ》を称《とな》えさせていただきます

トホカミヱミタメ　甲《きのえ》　乙《きのと》　丙《ひのえ》　丁《ひのと》　戊《つちのえ》　己《つちのと》　庚《かのえ》　辛《かのと》　壬《みずのえ》　癸《みずのと》　祓《はら》ひ給《たま》ひ　清《きよ》目《め》出給《でたま》ふ

トホカミヱミタメ　子《ね》　丑《うし》　寅《とら》　卯《う》　辰《たつ》　巳《み》　午《うま》　未《ひつじ》　申《さる》　酉《とり》　戌《いぬ》　亥《い》　祓ひ給ひ　清め出給ふ

トホカミヱミタメ　乾《けん》　兌《だ》　離《り》　震《しん》　巽《そん》　坎《かん》　艮《ごん》　坤《こん》　祓ひ給ひ　清め出給ふ

二拝二拍手一拝をします。

◎一般の神社での祈り方

二拝二拍手一拝をします。

おかげさまでありがとうございます。とってもすばらしい○○神社の大神さま・仏尊さま、私□□□□（自分の名前、生年月日、生まれ十二支）は、「住所」に住んでおります。本日、参拝させていただきました。

宇宙の大いなる意志、大調和に基づく天命もちて、とってもありがたい〇〇神社の大神さま・仏尊さまの一霊四魂のいやますますのご開運をお祈り申し上げます。
私□□□□は開運吉祥・和楽繁栄の人生にしていきます。〇〇〇〇を実現するために〇〇をします。とってもありがたい〇〇神社の大神さま・仏尊さま、どうぞ大いなるご守護と後押しよろしくお願い申し上げます。

その後は、産土神社（鎮守神社）と同じように祈ります。最後に二拝二拍手一拝をします。

一の宮の場合は「□□国一の宮・〇〇神社」、総社の場合は「□□国総社・〇〇神社」、総鎮守の場合は「□□総鎮守・〇〇神社」などと格式を前につけて称《とな》えます。

◎菩提寺での祈り方

基本的にお寺の作法に従います。一礼します。

おかげさまでありがとうございます。とってもありがたいわが家のご本尊さまをはじめ、〇〇寺の仏尊さま、仏尊配下の神々さま、本日、参拝させていただきました。
（最初の参拝の時は自分の名前、生年月日、生まれ十二支、住所もお伝えします）

宇宙の大いなる意志、大調和に基づく天命もちて、とってもありがたいわが家のご本尊さまをはじめ、〇〇寺の仏尊さま、仏尊配下の神々さまと、仏尊さま方の曼荼羅《まんだら》のご存在たちの一霊四魂のいやますますのご開運をお祈り申し上げます。いつもご守護・後押しをいただき、誠にありがとうございます。私□□□は開運吉祥・和楽繁栄の人生にしていきます。〇〇〇〇を実現するために〇〇します。大いなるご加護と後押しよろしくお願い申し上げます。

この後、自分や家族の悩み解決、健康長寿、養生平安を祈ります。産土神社での祈願を参照してください。ご開運の祈り詞の後に、それぞれの宗旨の経文や「南無阿弥陀仏」や「南無妙法蓮華経」などの称名《しょうみょう》や題目、真言宗では光明真言《こうみょうしんごん》を称えるとよいでしょう。

とってもありがたい光明真言を称《とな》えさせていただきます
オン　アボキャ　ベイロシャノウ　マカボダラ　マニハンドマ　ジンバラ
ハラバリタ　ヤ　ウン

◎一般の仏閣での祈り方

一拝します。

> おかげさまで、ありがとうございます。とってもありがたい○○寺のご本尊さま・仏尊さま・仏尊配下の神々さま、私□□□□（自分の名前、生年月日、生まれ十二支）は、〔住所〕に住んでおります。本日、○○寺に参詣させていただきました。
> 宇宙の大いなる意志、大調和に基づく天命もちて、とってもすばらしい○○寺のご本尊さま・仏尊さま・仏尊の神々さまと、仏尊さま方の曼荼羅のご存在たちの一霊四魂の、いやますますますのご開運をお祈り申し上げます。

この後は菩提寺の祈りに準じます。なお、自分の家の宗旨の総本山（または大本山、別格本山、別院）である○○寺と、「寺格」を前につけます。たとえば、「わが家の宗旨である曹洞宗の大本山・総持寺」「わが家の宗旨である浄土真宗の大阪の津村別院・北御堂」などと称《とな》えます。

国分寺（国分尼寺）の場合は、「○○国国分寺（国分尼寺）」と称えます。

〔開運全般・人生運アップ〕

◎開運吉祥・和楽繁栄になるための自神拝《じしんぱい》

おかげさまで、ありがとうございます。宇宙の大いなる意志、大調和に基づく天命もちて、とってもありがたいわが人生のいやますますのご開運をお祈り申し上げます。私〇〇〇〇はわが一霊四魂《いちれいしこん》が大好きです。大好きなわが一霊四魂はとってもすばらしい！　私はわが一霊四魂を光り輝かせ、わが人生を開運吉祥・和楽繁栄にしていきます！　とってもありがたいわが一霊四魂と、わが意識が陰陽調和されますように。

宇宙の大いなる意志、大調和に基づく天命もちて、とってもありがたいわが御祖《みおや》の大神《おおかみ》さま、わが一霊四魂、わが直霊《なおひ》の大神さま、わが産土《うぶすな》の大神さま、わが産土の守護仏《しゅごぶつ》さま、わが鎮守の大神さまをはじめ、とってもありがたい「われとわが家族の産土の守護曼荼羅《しゅごまんだら》のご存在たち」の一霊四魂の、いやますますのご開運をお祈り申し上げます。（一霊四魂を中心に、大きな球体の守護曼荼羅をイメージする）

とってもありがたいわれとわが家族に縁《えにし》あるご本尊《ほんぞん》さま、仏尊《ぶっそん》さま、仏尊配下の神々さまの一霊四魂のいやますますのご開運をお祈り申し上げます。

とってもありがたいわれとわが家族の守護霊さま、指導霊さま、とってもありがたいわが一族に縁あるすべてのご先祖さまの一霊四魂のいやますますのご開運をお祈り申し上げます。
われとわが家族の開運吉祥・和楽繁栄（何回でも）　われとわが家族の健康長寿・養生平安（何回でも）　大いなるご守護と後押し、よろしくお願い申し上げます。
（時間がある時は先天の三種の大祓や地蔵大仏尊さまの真言を称えます）
とってもありがたい先天《せんてん》の三種《みくさ》の大祓《おおはらへ》を称《とな》えさせていただきます。
トホカミヱミタメ　甲《きのえ》　乙《きのと》　丙《ひのえ》　丁《ひのと》　戊《つちのえ》　己《つちのと》　庚《かのえ》　辛《かのと》　壬《みずのえ》　癸《みずのと》　祓《はら》ひ給《たま》ひ　清目《きよめ》出給《でたま》ふ
トホカミヱミタメ　子《ね》　丑《うし》　寅《とら》　卯《う》　辰《たつ》　巳《み》　午《うま》　未《ひつじ》　申《さる》　酉《とり》　戌《いぬ》　亥《い》　祓ひ給ひ　清め出給ふ
トホカミヱミタメ　乾《けん》　兌《だ》　離《り》　震《しん》　巽《そん》　坎《かん》　艮《ごん》　坤《こん》　祓ひ給ひ　清め出給ふ
とってもありがたい地蔵大仏尊《じぞうだいぶっそん》さまの真言《しんごん》を称えさせていただきます。
オン　カカカ　ビサンマエイ　ソワカ

※先天の三種の大祓は守護力アップ、前世・先祖のカルマ昇華、宿命・運命の改良、金運に有効です。地蔵大菩薩さまの真言も万能であり、全体のバランスを整えてください。

◎自己信頼を育て、人生を祝福し、開運人生にする祈り詞

まず自分の生年月日・生まれ十二支を言います。私の場合だと、「山田雅晴、昭和32年2月15日酉年生まれです！」と宣言してから、言霊行を行います。


おかげさまで、ありがとうございます。宇宙の大いなる意志、大調和に基づく天命もちて、とってもありがたいわが人生のいやますますのご開運をお祈り申し上げます。私〇〇〇〇は自分に敬意を持ちます。私は常に自己の味方です。私は自分の人生の主導権を常に握ります。私は笑顔と感謝で、福を招きます。私は自分と相手をねぎらい、ほめて、感謝し、心に栄養をたっぷり与えます。いままでご苦労さまでした。いつもありがとう。すばらしい！　美しい。さすがだ。りっぱだ。あっぱれだ！

私は運がいい！　私はどんどん運がよくなる。明日はもっとよくなる！

私〇〇〇〇はわが人生を祝福し、開運吉祥・和楽繁栄の人生にしていきます！　すばらしい！

◎宿命・運命の清めと改良の祈り詞

自神拝と陰陽になっているのが、宿命・運命の清めと改良の祈り詞です。胸からお

腹にかけて、宿命・運命の核があります。1週間に1回称《とな》えるとよいでしょう。まず自分の宿命・運命をつかさどる偉大なご存在たちのご開運を天に向かって祈ります。

おかげさまで、ありがとうございます。宇宙の大いなる意志、大調和に基づく天命もちて、とってもありがたい私〇〇〇〇の宿命・運命をつかさどる、原則界の偉大なるご存在たちの一霊四魂の、いやますますのご開運をお祈り申し上げます。

ここで自分の宿命・運命の核がある胸の幸魂《さきみたま》・直霊《なおひ》・荒魂《あらみたま》周辺やお腹に神言・真言を入れます。自分の空亡年を知っている人は称えてください（イラスト参照）。

おかげさまで、ありがとうございます。とってもありがたい私〇〇〇〇の人生のいやますますのご開運をお祈り申し上げます。とってもありがたいわが一霊四魂とわが「前世の自己」全員の、いやますますのご開運をお祈り申し上げます。とってもありがたいわが宿命・運命のいやますますのご開運をお祈り申し上げます。とってもありがたいわが〇〇空亡《くうぼう》と厄年《やくどし》をはじめ、わが運勢のいやますますのご開運をお祈り申し上げます。（何回でも）

とってもありがたい先天《せんてん》の三種《みくさ》の大祓《おおはらへ》を称《とな》え、宿命・運命・カルマを清めさせていただきます。
トホカミヱミタメ　甲《きのえ》　乙《きのと》　丙《ひのえ》　丁《ひのと》　戊《つちのえ》　己《つちのと》　庚《かのえ》　辛《かのと》　壬《みずのえ》　癸《みずのと》　祓《はら》ひ給《たま》ひ　清目《きよめ》
出《で》給《たま》ふ
トホカミヱミタメ　子《ね》　丑《うし》　寅《とら》　卯《う》　辰《たつ》　巳《み》　午《うま》　未《ひつじ》　申《さる》　酉《とり》　戌《いぬ》　亥《い》　祓ひ給ひ
清め出給ふ
トホカミヱミタメ　乾《けん》　兌《だ》　離《り》　震《しん》　巽《そん》　坎《かん》　艮《ごん》
坤《こん》　祓ひ給ひ　清め出給ふ

とってもありがたいカルマ昇華の真言を称えさせていただきます。

ナム　ニケンダ　ナム　アジャハタ　ソワカ　ナム　アジャラ　ソワカ　インケイイケイ　ソワカ（3回以上）

〔金運アップ・目標実現力アップの言霊《ことだま》・神言・真言〕

◎決意の言霊《ことだま》と「時」を味方にする言霊

目標を実現させたい時に唱えます。

おかげさまで、ありがとうございます。宇宙の大いなる意志、大調和に基づく天命もちて、とってもありがたいわが産土の守護曼荼羅のご存在たち、私〇〇〇〇はわが一霊四魂とともに、開運吉祥・和楽繁栄の人生にすることを決意しました！

私〇〇〇〇は開運し、豊かになります！　私は〇年までに、□□（目標）を実現するために、△△（具体的行動の内容）を行います。私は本気です！

私はお金が大好きです！　私はお金と仲良しです！　わが家《や》にお金がどんどん集まってきます！（両手を拡げて、お金を迎え入れるように、ジェスチャーで引き寄せます）私は『宇宙の豊かさ』をしっかり受け取ります！　ああ、うれしい、楽しい。すばらしい！

ああ、ありがたし、ありがたし。

私〇〇〇〇はわが一霊四魂の願いをわが願いとして、明るい未来を創っていきます！　とってもありがたいわが産土の守護曼荼羅のご存在たち、大いなるご守護と後押し、どうぞよろしくお願い申し上げます。

◎金運を高める神言・真言

「先天の三種の大祓」（前述）を称《とな》えます。

「大国主大神さまの神語《しんご》」「宝生如来《ほうしょうにょらい》さまの真言《しんごん》」「地蔵大仏尊《じぞうだいぶっそん》さまの真言」が有効です。

とってもありがたい大国主大神さまの神語《しんご》を称えさせていただきます。財運・福徳をお授《さず》けください。
幸魂《さきみたま》　奇魂《くしみたま》　守《まも》り給《たま》へ　幸《さきは》へ給へ（3回）

とってもありがたい宝生如来さまの真言を称えさせていただきます。「宝の功徳《くどく》」をお授《さず》けください。
オン　アラタンノウ　サンバムバ　タラク（3回）

宝生如来さまは五智如来の〝南方の如来〟であり、「福徳の宝を生じ、その宝によって人間の願い事を満足される」という財運の功徳があります。

とってもありがたい地蔵大仏尊さまの真言を称えさせていただきます。『地蔵十福』をお授けください。

オン　カカカ　ビサンマエイ　ソワカ（3回）

〔神棚・仏壇・お墓での祈り方〕

◎神棚での祈り方

おかげさまで、ありがとうございます。宇宙の大いなる意志、大調和に基づく天命もちて、とってもありがたい「われとわが家族の産土の守護曼荼羅《しゅごまんだら》のご存在たち」の一霊四魂のいやますますのご開運をお祈り申し上げます。

とってもありがたい天照大御神《あまてらすおおみかみ》さま、伊勢神宮の大神さま、〇〇神社（向かって右側）の大神さま、□□神社（向かって左側）の大神さまの一霊四魂のいやますますのご開運をお祈り申し上げます。

われとわが家族の開運吉祥・和楽繁栄　健康長寿・養生平安　大いなるご守護と後押し、よろしくお願い申し上げます。

◎仏壇での祈り方

おかげさまで、ありがとうございます。宇宙の大いなる意志、大調和に基づく天命もちて、とってもありがたいわれとわが家族に縁《えにし》あるご本尊《ほんぞん》さま、仏尊《ぶっそん》さま、仏尊配下の神々さまの一霊四魂のいやますますのご開運をお祈り申し上げます。

とってもありがたい〇〇さま（仏壇に祀られている仏尊名）の一霊四魂の、いやますますのご開運をお祈り申し上げます。いつもご守護・お導きをいただき、誠にありがとうございます。

とってもありがたいわれとわが家族の守護霊さま、指導霊さま、とってもありがたいわが一族に縁あるすべてのご先祖さまの一霊四魂のいやますますのご開運をお祈り申し上げます。

その後、それぞれの宗旨に従った勤行などを行います。

◎お墓での祈り方

お墓に参る場合、菩提寺にもお参りしましょう。菩提寺とは先祖代々の宗旨のお寺です。菩提寺では祀られている仏尊さま方のご開運を祈り、感謝申し上げます。

わがご先祖さま、いつもありがとうございます。ご先祖さま、大好きです！
おかげさまで、ありがとうございます。宇宙の大いなる意志、大調和に基づく天命もちて、とってもありがたいわれに縁《えにし》あるすべてのご先祖さまの一霊四魂の、いやますますのご開運をお祈り申し上げます。

ご先祖さまが高い霊界にたくさん昇れるように、一霊四魂のご開運をよくお祈りします。ご先祖さまの一霊四魂のご開運を祈ることで、自分を守護している先祖霊団が増え、守護霊さまもパワーアップします。それが人生の〝大いなるサポーター〟になっていきます。

文芸社文庫

超開運！ 神さまがあなたの成功を後押ししてくれる神社参拝法

二〇一八年十月十五日 初版第一刷発行

著 者 山田雅晴
発行者 瓜谷綱延
発行所 株式会社 文芸社
〒一六〇-〇〇二二
東京都新宿区新宿一-一〇-一
電話 〇三-五三六九-三〇六〇（代表）
〇三-五三六九-二二九九（販売）

印刷所 図書印刷株式会社
装幀者 三村淳

ISBN978-4-286-19324-3